旅游规划与设计
TOURISM PLANNING & DESIGN

旅游规划 ＋ 景观建筑 ＋ 景区管理

北京大学旅游研究与规划中心 主编　　中国建筑工业出版社 出版

古镇・旅游小镇 / Ancient Town・Tourism Town

图书在版编目（CIP）数据

旅游规划与设计——古镇·旅游小镇 / 北京大学旅游研究与规划中心主编.
北京：中国建筑工业出版社，2012.10
ISBN 978-7-112-14766-3

Ⅰ.①旅… Ⅱ.①北… Ⅲ.①旅游规划②城镇-旅游规划 Ⅳ.①F590.1

中国版本图书馆CIP数据核字(2012)第239867号

主编单位：
北京大学旅游研究与规划中心　　大地风景国际咨询集团

出版单位：
中国建筑工业出版社

编委（按姓名拼音排序）：

保继刚（中山大学）	陈可石（北京大学深圳研究生院）	陈　田（中国科学院）
高　峻（上海师范大学）	刘滨谊（同济大学）	刘德谦（北京联合大学）
刘　锋（国务院发展研究中心）	马耀峰（陕西师范大学）	石培华（北京交通大学）
王向荣（北京林业大学）	魏小安（中央民族大学）	谢彦君（东北财经大学）
杨　锐（清华大学）	杨振之（四川大学）	张广瑞（中国社会科学院）
张　捷（南京大学）	周建明（中国城市规划设计院）	邹统钎（北京第二外国语学院）

主　编：吴必虎
本期执行主编：陈可石
副主编：戴林琳　汪　芳　杨小兰　阿拉斯泰尔·莫里森
编辑部主任：袁功勇
编　辑：陈　静　林丽琴　崔　锐　邢珏珏
装帧设计：读道创意
责任编辑：焦　扬
责任校对：姜小莲　赵颖
运营总监：盛永利
封面图片提供：乌镇旅游股份有限公司

旅游规划与设计——古镇·旅游小镇
北京大学旅游研究与规划中心 主编

*

中国建筑工业出版社 出版、发行（北京西郊百万庄）
各地新华书店、建筑书店经销
北京建筑工业印刷厂印刷

*

开本：880×1230毫米　1/16　印张：8¼　字数：300千字
2012年10月第一版　2018年8月第四次印刷
定价：48.00元
ISBN 978-7-112-14766-3
　　　（22780）

版权所有　翻印必究
如有印装质量问题，可寄本社退换
（邮政编码 100037）

卷首语

诗意的古镇之美

中国历史上有太多美丽的小镇，这些小镇体现了中华民族对自然地理和人文精神的尊重，人们以不同的建筑语言创造了属于自己文化传统的美丽家园并陶醉其中。每每看到那些民宅院落、宗祠寺庙，更有小桥、流水、亭、台、阁、榭和田园风光，一种诗意的美感油然而生。

诗意的古镇引来了唐诗宋词中那些对城市和乡村景色的赞美。人们赞美那些小镇，因为那些美丽的小镇激发了人们的情感。

我们今天应当热爱那些历经战争和其他人为的、自然的破坏之后仍然保存下来的古镇。因为这些古镇不可复制，也不可再造，更不可能仿造，它们是唯一的，是我们伟大文化艺术传统的载体，是历史的记忆和我们创造未来的起点。

在英国留学6年期间，我走遍了大半个欧洲，最令我难忘的是那些欧洲的古镇：英国的牛津、剑桥、约克、巴斯和爱丁堡；意大利的阿西西、锡也纳；德国的海德堡、弗赖堡、巴登巴登；法国的普罗旺斯等等，美轮美奂的小镇我认为是真正的人间天堂。回国近十年间，我有机会主持设计了很多古镇：从云南的大理古城开始，成都的洛带古镇、黄龙溪、都江堰到汶川灾后重建的水磨镇，再到目前正在设计的佛山名镇和孙中山先生故里翠亨村。古镇复兴的责任与古镇艺术魅力似乎不停地纠缠着我，让我深陷其中。

我认为古镇的保护一定要注重保护它的"文物价值"。古镇保护的前提是文物价值的再提升，这就要求古镇的建设要采用传统材料和传统工艺。没有传统材料和传统工艺为保障的古镇将会失去文物价值。

古镇一定要通过开发来实现对它的保护，单纯目的的保护只是美好的愿望但是不可持续。最好的契机是目前日益增长的旅游度假的需求，而开发就是对传统业态的转变和古镇整体环境的提升。

应该说旅游业促进了古镇的保护，古镇的开发更促进了旅游产业的发展。一个新的良性的古镇业态、形态、文态的互动为中国未来古镇旅游展开了一片全新的天地。

汶川新城水磨镇的灾后重建受益于上述理念，在项目的伊始我们就确定了以文化和生态来构建一个新的产业——小镇旅游。而事实也证实了这个构想的可操作性和完美结局。水磨镇已成为"四川10大著名旅游小镇"，每天的旅客人数已超过了四川另一个著名的旅游景点——九寨沟。旅游小镇就是一个神话，我们身临其境，等待在我们前面的是旅游小镇规划设计晴朗的天空。

《旅游规划与设计》本辑专题"古镇·旅游小镇（历史文化村镇）"给大家提供了一个新的视角，吴必虎教授邀我主持这一专辑并嘱著文，希望读者不吝批评指正。

北京大学教授 博士生导师

目 录

前沿理论与最新实践

6　将景观优先引入城市设计——解读汶川水磨镇灾后重建方案　　　陈可石　李白露

16　旅游古镇自组织发展模式中的社区参与研究　　　邱灿华　沈　洁

24　"核心–过渡–辐射"的圈层空间模式
　　在历史古村镇旅游开发中的应用　　　胡晓苒

30　从"有机更新"理论谈城镇规划与地域文化的融合
　　——以安溪田园主题项目概念规划设计方案为例　　　戴　亮　冯宇霆　方向明

42　论中国"新古镇"旅游产品的开发与规划　　　李关平　邓李娜

历史文化古镇

48　江南水乡遗产保护管理运作模式的实践与思考
　　——以绍兴、乌镇和西塘三地的历史街区为例　　　李　渌

60　从"活着的古城"到"小成本提升"与"社区建筑师制度"
　　——以绍兴为例看历史文化区域的保护与维护策略　　　王　珏

66　开平文化旅游产品设计：重回1930年代的立园　　　张晓玥

74　历史文化型旅游小镇规划创新
　　——以南通狼山善文化小镇规划为例　　　严登昌

特色化旅游小镇

84　革命老区红色旅游小镇发展建设初探
　　——以《中国·城南庄》城镇发展战略规划为例　　　倪碧野

92　简单与复杂：珠海御温泉度假村的产品设计与管理模式　　　江伟俊

102　共生地栖息于山林
　　——浅析凉山彝族信仰下的文化景观　　　李　孜　王　剑

110　婚礼小镇：别样的小镇旅游主题　　　朱力然

微论坛

116　旅游小镇微论坛　　　官方微博

122　精品酒店的"微"体验　　　@HOTEL_ZHANG

古镇·旅游小镇

CONTENTS

旅游规划与设计
旅游规划 ＋ 景观建筑 ＋ 景区管理

Frontier Theories and Latest Practices

6   The Application of Landscape Priority Theory in the Urban Design Field: The Interpretation of a Post-disaster Reconstruction Plan for Shuimo Town, Wenchuan
CHEN Keshi, LI Bailu

16   Community Participation Research for Tourism Ancient Towns in the Model of Self-organized Development   *QIU Canhua, SHEN Jie*

24   The Application of a "Center – Transition –Border" Layer Space Model in Tourism Development of Historical Ancient Villages and Towns   *HU Xiaoran*

30   The Integration of Regional Culture and City/Town Planning from the Viewpoint of "Organic Renewal" Theory: A Case Study of the Concept Plan for the Anxi Garden Theme Program   *DAI Liang, FENG Yutin, FANG Xiangming*

42   The Development and Planning of Tourism Attractions in the "New Ancient Town" of China   *LI Guanping, DENG lina*

Historical and Cultural Ancient Towns

48   The Thinking and Practice of Protective Management and Operational Models for the Water Towns South of Yangtze River: A Case Study of the Historic Streets and Districts of Shaoxing, Wuzhen and Xitang   *LI Zhen*

60   From the "Living Ancient Town" to "Low Cost Promotion" and "Community Architect Upgrading Strategy": A Case Study of Shaoxing Historic Areas   *WANG Yu*

66   Cultural Tourism Attraction Design for Kaiping: Traced Back to the 1930s with Li Garden
ZHANG Xiaoyue

74   The Innovation of Planning for Historical and Cultural Small Tourism Towns: A Case Study of Langshan Philanthropic Culture Town in Nantong   *YAN Dengchang*

Characteristic Tourism Towns

84   The Development and Construction of Red Tourism Towns in the Old Revolutionary Base Areas: A Case Study of the Strategic Development Planning of Chengnanzhuang, China   *NI Biye*

92   Simple and Complex: the Attractions, Product Design and Management Patterns of Zhuhai Imperial Hot Spring Resort   *JIANG Weijun*

102   Perching in the Mountains: The Analysis of Cultural Landscape of Liang Shan Yi National Faith   *LI Zi, WANG Jian*

110   The Wedding Village: A Unique Town Tourism Theme   *ZHU Liran*

Micro-Forum

116   Micro-Forum for Tourism Towns   *OFFICIAL Micro Blog*

122   Micro-Experience of Boutique Hotels   *@HOTEL_ZHANG*

Ancient Town·Tourism Town

北京大学旅游研究与规划中心   主编
中国建筑工业出版社   出版

The Application of Landscape Priority Theory in the Urban Design Field: The Interpretation of a Post-disaster Reconstruction Plan for Shuimo Town, Wenchuan

将景观优先引入城市设计——解读汶川水磨镇灾后重建方案

文 / 陈可石 李白露

【摘　要】

"景观优先"是强调最大化地考虑景观的价值，以生态可持续和景观功能为出发点，在平衡其他因素后以景观为主导的设计理念。将景观优先设计理念引入城市设计意味着设计要结合自然山水，维持城市生态结构的完整性、连续性，同时强调注重景观体验。文章从四川汶川水磨镇灾后重建方案中解读了景观优先设计理念的具体实践，强调自然景观要素在城市设计中的重要性，以及"借山用水"保持城市总体形态完整的设计方法的重要意义。

【关键词】

汶川水磨镇；城市设计；景观优先；生态规划

【作者简介】

陈可石　北京大学城市规划与设计学院副院长，教授，博士生导师，北京大学中国城市设计研究中心主任，汶川新城总建筑师，英国爱丁堡大学博士

李白露　北京大学城市规划与设计学院硕士生

本文图片由中营都市与建筑设计中心提供

图1-1 震后的水磨是一片废墟

1. 景观优先设计理念引入城市设计的必要性

"景观优先"是强调最大化地考虑景观的价值，以生态可持续和景观功能为出发点，在平衡其他的因素后以景观为主导的设计理念。同时"景观优先"也可以理解为时间顺序上的优先介入，提出景观优先这一命题的主导因素源自在当前的城市规划设计中，景观成了锦上添花的装饰，许多项目在建成之后才开始通过景观来提升环境，景观工程的建设也往往被留在最后的收尾阶段。

"景观优先"这一设计理念首先在景观设计学界引起重视。美国景观之父奥姆斯特德提出在规划时应先从场地的需求出发进行总体的规划和控制，明确主要的绿化、廊道、交通绿地、保护绿地、水体规划等之后，才开始进行建筑设计。1909年哈佛大学在景观建筑系开设了城市规划的课程，标志着城市规划作为独立的专业开始从景观专业中分离出来，同时也说明城市规划设计和景观专业密不可分的渊源。公正地说，景观建筑学是城市形态规划的基础。在美国，早期的大多数城市形态规划项目从一开始就由规划师和景观设计师合作完成总体设计，然后再分专业细化设计，许多分区规划和总体规划就是景观设计师的作品。这既是西方的学术传统，也是近几年来国内的专家学者呼吁应从大景观的角度出发，景观优先，提早介入前期的设计工作中去的动因之一。

城市设计是关于城市空间和环境品质的研究，是以人为中心，从城市的整体环境出发的城市形态设计，侧重于城市物质空间形态的最优化。其主要目标是通过形态研究来改进人们生存空间的环境质量和生活质量。将景观优先设计理念引入城市设计意味着设计要结合自然山水，维持城市生态结构的完整性、连续性，同时强调注重景观体验。从景观和整体形态入手进行城市设计，如同回到中国传统的风水理论，城市设计首先考虑到自然地理的因素：风、水、阳光、山形地貌，充分地"借山用水"，丰富景观的异质度，从而达到良好的视觉效果。纵观中国古代城市设计，无不强调与自然的和谐，正如古语所言"天人合一"，紧密结合自然景观进行创作是中国古代城市设计的优秀传统。中国传统的天人合一理念，尊重自然、道法自然的思想，是珍贵的世界文化瑰宝，也是对今天的城市发展具有重要价值的基本原则[1]。凡是优美而富有特色的城市，一般都是依山傍水、山水相映、顺应地形、随坡就势、突出自然、保护生态的。如果对难以再生的自然条件不加以保护和利用，必然适得其反，并将遭受大自然的报复。西方《设计结合自然》的作者麦克哈格也强调：良好地利用和挖掘自然提供的潜力胜过武断硬性的设计和简单鲁莽的改造[2]。

2. 研究项目概况

汶川县是2008年"5·12"大地震的震中，也是灾情最为严重的地区。水磨镇震中映秀约12km，根据受灾的实际情况，当地政府决定将在水磨重新建设一座能够容纳5万人口的新城。

水磨镇位于汶川县南部的岷江支流寿溪河畔，东临都江堰，南倚青城山，西接卧龙大熊猫自然保护区，北靠震中映秀。水磨镇距离成都80km，处于卧龙国家自然保护区与都江堰-青城山世界自然遗产保护区范围内，规划面积达到5km²，是汶川县13个镇中可建设用地最大的一个镇。

本项目是"5·12"汶川地震后，广东省佛山市对口支援汶川县水磨镇恢复重建项目。2009年汶川县灾后重建优秀规划设计方案评选结果中，水磨镇在这次方案评选中一共获得"城市设计"、"建筑设计"两个专项的一等奖和"总体规划"、"新农村村庄建设"两个专项的二等奖。2010年4月，水磨镇被联合国人居署《全球最佳范例》杂志（亚太版）评为"全球灾后重建最佳范例"。2010年9月4日，四川省举办国际旅游节，全球60多个曾发生过7级以上地震的国家或地区应邀参加，水磨镇作为开幕式主会场，迎来一次世界级的亮相。

3. 灾后恢复与脆弱生态双重挑战

3.1 恢复重建工作艰巨

汶川水磨镇震前被定位为工业区，镇中心的大气环境和水环境受到严重污染。在"5·12"汶川大地震中，由于水磨镇与震中映秀直线距离只有5km，是汶川地震的重灾区之一。地震造成的损害严重。该镇92人死亡，镇域受灾人口约20 000人，房屋受损100%，其中农村房屋倒塌14949间、损坏9943间、面积达769110m²，损毁企事业单位房屋66294m²，企业设备受损90%，造成房屋直接经济损失41151万元（企业设备未在统计范围内），水、电、通信、光缆信息、交通全部中断、损毁，国家、集体、个人损失惨重，使得

图1-2 震后的水磨是一片废墟

图2 生态景观价值评价图

对外旅游、休闲、接待服务已基本上完全停止[3,4]。总之，工业生产、社会经济活动、教育医疗与城镇基础设施等各项建设均受到地震的破坏与影响（见图1）。

3.2 生态环境脆弱

水磨镇高山地区耕地零碎、土层瘠薄、地表渗透性差、水土流失严重。工业经济开发示范区内大部分都是高耗能、高污染企业，工业废气、废水未经处理直接排放，对同处峡谷的镇中心区域造成较为严重的大气和水环境污染。同时水磨镇和周边地区是大熊猫的栖息地和世界自然遗产青城山，这是一个生态环境十分敏感的地段，所以建设一座可持续的绿色城市是水磨镇规划和建设的必然目标。

4. 生态景观分析

丰富的水资源和植被资源是水磨规划区内最有价值的景观资源，如何保护和利用这些自然生态资源是此次规划的重点。而生态景观的现状分析是我们规划方案构思的基础。景观价值评价是依据自然和人文因素两方面进行。人文评价主要是考虑视觉质量（悦目性）与独特性；自然评价主要考虑地貌、水系和植被三方面。综合人文评价与自然评价得出三类景观类型。

景观价值高的区域：规划区现状较多的丘陵台地，寿溪河沿岸部分绿化和自然景观，老人街历史文化街区等，可以在现状基础上进行适当的改造、升级即可形成良好的风貌；规划区南侧的黄龙观景区风景优美，以古银杏树为主要景观。

景观价值较高的区域：规划区寨子坪、茅坪子和马家营片区部分建成区，以及部分农田、经济林区形成的景观农业等区域，可根据总体构思进行功能置换与调整后，形成与整体风貌相协调的新景观区。

景观价值较低的区域：现状大部分民居杂

乱无章，占据了滨河的良好景观和视线通廊，景观价值较低，需要较大规模的置换与改造（见图2）。

5. 景观优先总体规划理念

中国历史上那些美丽的小镇，最大的特征是整体形态完整、道法自然、依山就势、因地制宜并寄予诗情画意。像水磨镇这样3~5km²的小镇，我们没有采用传统的总规→控规→修规→建筑设计/景观设计的工作模式。我们没有做"控制性详细规划和修建性详细规划"，而是从整体城市设计入手。水磨镇规划设计采用了新模式——从景观和整体形态入手进行小镇的规划，如同回到中国传统的风水理论，小镇的规划设计首先考虑到自然地理的因素：风、水、阳光、山形地貌。

我们认为在一个结构清晰的城市中，它的街区，标志性建筑和道路也应该可以方便地被辨认出来，并且把它们组合起来，形成一个整体的认识。在水磨镇城市设计中我们提出了明确的城镇中心——寿溪湖、标志性建筑——春风阁和特色鲜明的历史街区禅寿老街，整体形态为"一湖两岸四组团"（见图3,图4）。

5.1 以湖面和绿地作为城市的核心景观

将湖面作为城镇的主要景观面和核心公共开放空间，使碧绿如翠的山谷、澄静明澈的湖水与古朴美丽的民居相互映衬，形成景色优美的湖滨小镇，使滨水建筑和质朴自然得到完美的融合。在城市设计中借鉴瑞士山地小镇茵特拉根和苏黎世充分利用湖面进行城镇建设的经验，结合水面空间进行水磨镇整体风貌的打造，塑造依山傍水的生态新城形象。

5.2 以滨水空间作为城市的亮点

通过对寿溪湖滨水空间系统的精心组织，为城市各种公共活动提供了舞台，将湖面、广场、廊桥和文化活动中心等公共建筑安排在滨水地段，形成水磨镇最具特色的景观地段和最富活力的城市名片。

5.3 以生态城市作为发展目标

水磨镇的建设不仅仅是灾后重建，更重要的是抓住重建的历史机遇，走出一条可持续的生态城镇建设的成功之路。我们在水磨推行生态城镇建设，使建设结合自然，并预留大片的水面与自然绿地，实现人——城镇——自然生态系统的良好互动。

考虑到成本制约与当地的资源条件，生态城市设计的原则如下：尊重自然的规划设计；保护山体、绿地及自然遗产的缓冲区；将污染型工业迁移出规划区；注重绿地、广场和滨水空间等城市公共开放空间的设计；生态设施尽可能符合本地景观特征；采用最小化维护管理及设计方式；给予自然演替机会，多利用土壤、植被自我消化。

图3 构思草图

水磨镇城市设计总平面图

图4 一湖两岸四组团

图5 以湖面和绿地作为城市的核心景观

图6 总体设计形态构思

前沿理论与最新实践　*Frontier Theories and Latest Practices*

表1　绿地景观系统打造措施

类别	措施
森林	恢复坍塌山体的森林植被，尽量恢复原生林和原生物种的自然群落，提高生态价值。
城市公园	以寿溪河两岸绿化为主，形成滨水景观带，河道两岸设置几处大面积绿地，形成一大景观绿地，同时也是市民娱乐休闲的好去处。
体育公园	内设大型体育设施及户外运动休闲广场，兼有美化景观、健全生态等综合作用的绿化用地，也是游客、市民良好的户外游憩场所。
防护绿地	在变电站周边设置了10m的隔离绿带，以保障城市景观建设和减少气味、粉尘、噪声等污染对居民生活的影响。
附属绿地	建议植被以高大乔灌木为主，提高遮荫率与生态价值。
农业区	保留部分农田区、经济林区，并形成景观农业。
水系统	由寿溪河主河道、二村沟河道、歌马庙河道以及规划的其他河道溪流组成。

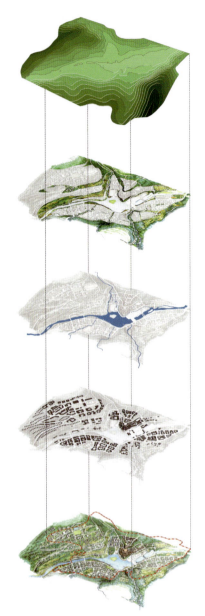

图7　生态城市结构生成示意图

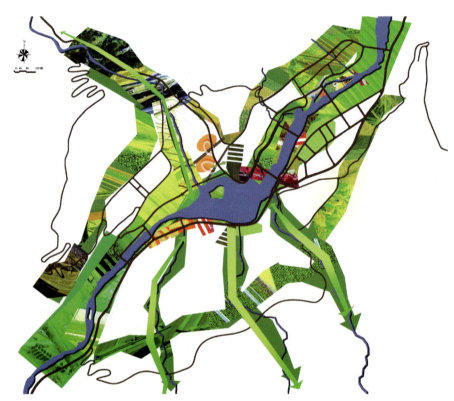

图8　绿地系统规划图

6. 绿地景观系统

水磨镇现状的森林面积约为38000亩（1亩≈666.67m²），覆盖面积达77%，物种丰富。规划区内整体生态环境良好，是汶川大生态空间体系中重要的空间节点，作为震后县域重要的重建核心之一，其开发建设对生态环境的影响必须在建设伊始就给予充分的重视。

设计中，我们提出以下绿地景观规划目标：绿化用地面积达到17hm²，绿化用地比例达12.66%，绿地率35%，绿化覆盖率45%，人均公共绿地面积10.3m²。

7. 重点地段寿溪湖滨水空间详细规划

震后水磨寿溪河，被防洪堤将水面与城镇隔离开来，并没有清晰的、供人游憩的滨水空间。在充分研究规划区地形、现状水系的基础上，参考瑞士山地、湖滨小镇的建设经验，为提升水磨新城的空间特色与旅游开发价值，提出将寿溪湖滨水空间联系河岸绿地景点和河滨中心区的发展，创建一条富有城市气息的休闲、旅游、运动、娱乐带。

在详细规划方案上，我们的具体改造措施为：保留河边特色建筑，优化配套环境；对寿溪河局部水位控制进行设计，尽可能地提供亲

图9 寿溪湖建成后实景图

水环境；制定一个公园规划，以充分展现寿溪河清新的形象，并能被公众和市民充分享用；设置足够的出入口和通道以增加此公园的可达性；改造现有桥梁并在适当的地点增设横跨河流的步行景观桥；重整河坡，建议结合混凝土护坡，有选择地采用回填土来遮盖混凝土河坡，以达到柔化的效果。

从整体城市设计的角度，我们提出水磨镇"以水为核心"的总体形态特征。寿溪湖最后成为水磨镇规划最大的亮点。中国传统风水理论把水作为生存空间的要素，"有水则灵"——水磨镇因为有了寿溪湖而有了灵性。灾后重建使我们有机会回归传统的价值观——从景观和风水的角度来思考小镇的规划。风水是中国人传统的自然观、宇宙观、环境观、审美观的一种反映，是中国古代城市设计中景观优先理念的具体表达。它强调自然对人的影响，山水的形态、水质、土质及方位组合形态决定该地区是否能藏风纳气，以及风、气的品质等。寿溪湖位低视野开阔，临湖的春风阁起到了制高点的作用，是视觉的中心。水磨镇山脉绵延起伏，环抱市区，寿溪河穿城而过，道路网络自由布置，与山势与水体协调，整体面江、抱湖，人工与自然景观融合，使之宛然一座天然的山水城市。

寿溪湖是水磨镇最重要的开敞空间，方案设计时结合了原有的自然河道寿溪河，借鉴都江堰"深淘滩、低作堰"的经验，采取外河内湖的构思，形成一动一静两部分水面[5]。枯水期时，汇集山间溪流到大湖面，并利用景观化

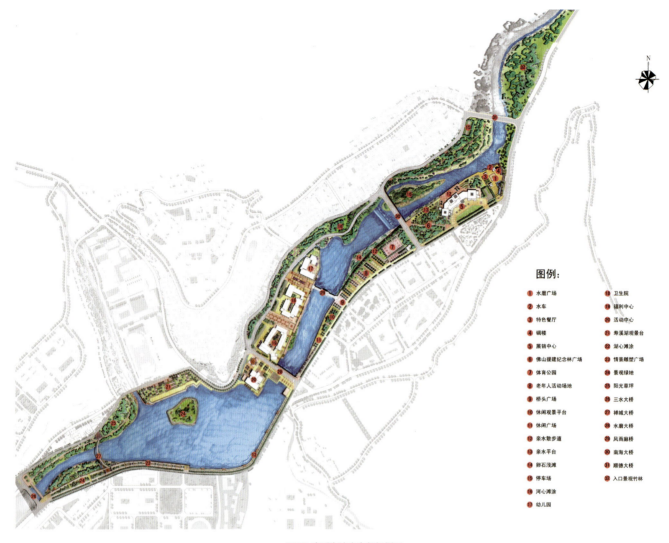

图10 寿溪湖滨水空间规划图一

的小岛起到扬沙阻沙的作用，使湖面始终平静清澈，积蓄水量形成水瀑景观与低水位的寿溪河保持动静的对比，形成动态美；丰水期时，河流水面上升，河湖连成一体，成为完整的大水面，形成静态美。

8. 结语

城市设计是对城市体型环境所进行的规划设计，它实际是在城市规划对城市总体、局部和细部进行性质、规模、布局、功能安排的同时，对于城市空间体型环境在景观美学艺术上的规划设计[7]。纵观当今城市规划设计手段很多只是简单地把城市的规划设计方法教条化地运用于项目的规划设计中，缺乏对整体景观和形态完整的重视[6]。景观设计由于其对环境空间形态和生态的关注而在城市设计中有越来越突出的贡献，不容忽视。倡导景观提前介入城市设计，并非要在前期将景观设计部分做得很细，而是在城市设计构架确定前，更多地从景观和整体形态完整的角度为项目考虑，并为将来分项设计的深化打下基础。同时我们也要吸取中国传统城市设计理念中的优秀经验，传统中国城市布局以风水理论为基础，以人文礼教为准绳，注重传统审美意象的公共景观空间与整体形态，这些都包含了丰富的城市设计内涵。

景观优先，才可以更好地从环境出发，尊重自然，强调生态可持续与城市形态完整性。

虽然景观提前介入在专业配合、委托方式、设计流程上还存在一定挑战，但值得庆幸的一个好趋势是，目前，景观设计已经开始在规划阶段介入越来越多的项目。这种趋势反映出景观的作用越来越重要，也反映了人们越来越重视周围的环境和生活品质，反映了社会的进步、时代的发展。

图11 寿溪湖滨水空间规划图二

参考文献：

[1]城市文化国际研讨会暨第二届城市规划国际论坛[Z]. 北京: 城市文化北京宣言, 2006.

[2]麦克哈格. 设计结合自然[M]. 北京: 中国建筑工业出版社, 1992.

[3]国务院. 汶川地震灾后恢复重建总体规划（国务院令526号）[Z], 2008.

[4]陈可石, 阴劼. 汶川绿色新城[M]. 北京: 北京大学出版社, 2010.

[5]北京大学中国城市设计研究中心, 香港中营都市建筑与设计中心. 水磨镇总体城市设计[Z], 2008.

[6]陈可石, 周菁, 姜文锦. 从四川汶川水磨镇重建实践中解读城市设计[J]. 建筑学报, 2011（4）：11-15.

[7]陈为邦. 积极开展城市设计, 精心塑造城市形象[J]. 城市规划, 1998(1): 6-12.

Community Participation Research for Tourism Ancient Towns in the Model of Self-organized Development

旅游古镇自组织发展模式中的社区参与研究

文/邱灿华 沈洁

【摘 要】

古镇旅游的开发往往带来当地文化遗产不同程度的破坏，自组织发展模式是古镇旅游发展到一定阶段的产物，以当地社区为依托，以保护文化传统和当地居民利益为出发点，形成多方利益主体共同发展、合作共赢的运作管理模式。文章基于自组织发展模式的基本理论，对其发展过程中的社区参与问题进行了研究，探求影响古镇旅游发展的社区参与影响因素，为旅游古镇自组织发展提供借鉴。

【关键词】

旅游古镇；自组织发展模式；社区参与

【作者简介】

邱灿华　同济大学高尔夫学院院长，副教授

沈　洁　同济大学经济与管理学院硕士研究生

图片来源：邱灿华提供

图1 前童古镇

1. 旅游古镇发展背景

随着旅游业的不断发展，文化旅游逐渐兴起。在观光旅游热潮不断升温的同时，旅游者开始对古迹、传统历史文化游注入更多的热情，对古镇游的兴趣逐渐增加。由此，周庄、乌镇、西塘、南浔等一批旅游热点古镇竞相出现，然而，经过十多年的发展后，由于初始没有对古镇旅游做出全面、整体性的规划，致使很多古镇形成了商业开发过度、旅游同质化和无序竞争等现象，使文化遗产受到不同程度的破坏，成为旅游业可持续发展亟待破解的难题。

实现旅游业的可持续发展关键在于形成旅游目的地良好的发展模式与协调机制，因此，如何在旅游发展过程中协调好旅游者、旅游经营者、当地居民、政府、开发商等各利益主体之间的利益需求和长远关系，是古镇未来发展的重点，也是实现经济、社会和文化和谐发展的需要。

自组织发展模式是近年来业界和实务界开始热切关注的一种新型的旅游业发展模式。传统的旅游发展模式往往是在政府的牵头下，开发商对当地旅游资源加以整合，形成景区，从而获取经济收益，在这种模式下，居民的利益往往得不到保障，当地的文化和资源也得不到相应的保护。自组织的发展，顾名思义，是通过当地居民或社区自组织形成的一种旅游业发展情形，因其开放性及非垄断性等特点，受到游客及居民的欢迎。

2. 自组织发展模式基本理论

2.1 自组织发展模式概况

综合对旅游自组织发展模式的文献研究，自组织发展模式可以概括为：由社区主导，在政府牵头许可下，当地居民和社区组织自发形成旅游地经营状态，通过政府对旅游资源加以整合，在多方的带动下共同开发古镇旅游。

自组织发展模式重视社区参与，反映当地居民对发展旅游的想法和态度，减少居民对旅游的反感情绪和冲突，在旅游的决策、开发、规划、管理、监督等旅游发展过程中，充分考虑社区的意见和需要，并将其作为开发主体和参与主体，以便在保证旅游可持续发展的前提下实现社区的全面发展，是维持、协调、维护旅游社区发展的有效途径。该模式追求以旅游产业为导向，进行合理开发，目标是使旅游资源转化为经济效益的同时，兼顾生态效益、社会效益，形成旅游促进保护，保护支持旅游的良性循环模式。

目前，我国在社区参与的自组织旅游发

图片来源：邱灿华提供

图2 前童古镇小巷

展实践中已取得了一定的进展，成都的"农家乐"、北京的"民俗村"、山西的"大院"、江南的"水乡"、云南的"民族家庭旅馆"、"全国工农业旅游示范点"等，形式多样、内容丰富。当然，由于自组织的旅游发展处于摸索阶段，尚未形成一套成熟有效的机制予以引导，存在很多问题，需要通过进一步的实践和专家学者的研究加以突破。

2.2 旅游自组织发展原则

2.2.1 社区参与原则。自组织发展模式强调社区居民参与在乡村旅游中的重要作用，其基本原则是要充分体现"社区事务，社区参与"。当地居民通过加强对当地文化价值的认识，成为当地文化的主动传承者和保护者，同时也在与企业协作的过程中获得相应的经济收益。

2.2.2 政府支持原则。虽然自组织发展模式在总体意义上是以社区为主导的一种新型发展模式，但是仍然离不开政府的支持和引导。自组织发展模式下，必须依靠政府的力量，充分调动居民与企业共同建设繁荣旅游景区的积极性，合理配置旅游地发展初期的生产资源、人力资源等需求，统一组织，实现社区发展、个人利益与企业利益协调化、和谐化发展。

2.2.3 目标趋同原则。在企业与景区的带动下，社区依托相关服务项目获得收益，虽然目标各异但是长远目标达成一致。在旅游地获得品牌知名度、企业获得利益的同时，注重社区的发展与居民利益的获得，形成共同发展的局面。这一原则也表现为利益分配的公平性。在开发经营活动中，务必合理、公平地分配旅游发展所带来的收益，实现旅游与社会、经济健康可持续发展。

2.2.4 职能错位原则。差异只能有助于实现多方共赢，通过促使各个利益相关者之间逐步形成一个利益取向不同、长远目标趋同的共同体，由社区（包括居民、协会等）提供社会管理，政府提供后备支持，企业与景区创造经济价值，共同推进区域的繁荣与发展，促进成本最小化和最终利益最大化的目标。

2.3 自组织发展模式中的驱动因素

社区参与是自组织发展的核心，探索社区参与的影响因素有助于促进自组织全面发展。下文基于自组织发展的发展原则及相关文献的研究，提出自组织发展模式下的社区参与影响因子构成体系，如图3所示。

2.3.1 外部驱动因素

（1）旅游者。无论在何种旅游发展模式

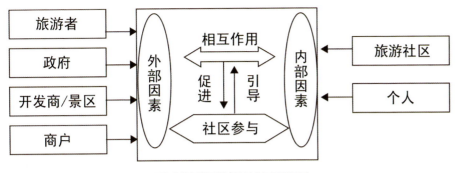

图3 自组织发展模式社区参与影响因子

下,激发旅游者的消费倾向及消费需求,一直都是旅游业发展的终极目标,也是除旅游者外各个利益相关主体获得效益的最主要途径,在古镇旅游中亦是如此。旅游者人数的增加以及消费量的增加无疑会让社区居民直观认识到当地旅游业发展的美好前景,从而积极投入到旅游业的活动中。

(2)政府。政府角色,即政府对于当

图4 前童古镇庭院内景

地居民的态度，是促进当地居民参与社区发展、投身旅游业的前提条件。在同等条件下，如果政府愿意给当地居民提供适当的优惠及鼓励政策，通过与开发商、商户等洽谈，建立合理的利益分配制度，承诺保障居民利益，那么，势必会有更多的居民愿意从事旅游相关行业。另外，在旅游业发展过程中，政府的支持作用至关重要，加大投入建设公共设施力度、保护当地环境及文化资源，都有助于建立政府威信，让居民产生信赖感，从而积极参与社区活动。简言之，政府是否提供制度保障及引导机制对促进社区参与具有指导作用。

（3）开发商/企业/景区。开发商作为当地旅游业开发的强势群体，势必会成为居民考虑是否参与旅游业的必要条件。自组织发展模式下，社区居民的经济利益获得途径主要有以下三种：劳务收入，即居民通过受雇于旅游企业，以及从事农民旅游协会安排的工作获得经济收入；从商收入，通过开办家庭旅馆、特色食品店等形式获得经济收益；股金分红，通过入股参与股份合作制旅游企业获得股利分配。鉴于此，开发商是否能够提供就业以及是否能够确保居民的利益，对当地居民决定是否从事社区工作及旅游相关行业非常重要。

（4）商户。如上文所述，居民希望能够拥有一个健康的旅游经营环境，这就需要商户之间建立和谐的竞争业态，不搞恶意的商业竞争，共同发展。如果本地现有大商户愿意贡献自己的经营理念、经营知识，带动小商户共同发展，势必会促进自组织模式的进一步发展。一如雨崩村住户的经营理念，唯有合作协同，才能带来旅游经济的复苏。

2.3.2 内部驱动因素

（1）旅游社区。社区是自组织发展的载体，社区组织建设的程度会直接影响社区居民对当地旅游业发展的认知，从而影响居民参与社区的程度。旅游社区的建设程度主

表1 社区居民参与社区、旅游发展的因素

社区参与驱动因素	影响因子	具体表现形式
外部驱动因素	旅游者	旅游者人数、旅游者消费量
	政府	政府角色：是否有优惠及鼓励政策、是否保障居民利益（表现为利益分配制度）、是否对公共设施等予以建设、是否保护当地环境及文化资源、是否对开发商加以约束
	开发商/景区	开发商态度：是否提供就业、是否保证雇佣人员利益、是否保护当地旅游资源
	商户	商户态度：是否存在恶性竞争
内部驱动因素	旅游社区	普遍性、创办主体、选举制度、培训体系、精英示范
	个人	参与能力：性别、年龄、文化程度；参与动机：认知（对社区作用的认知，对旅游业发展的认知，对景区优势资源的认知）、归属感（对公共利益的认知，对社区居民之间的情感依赖）、利益相关性（物质利益和精神利益）、民主意识

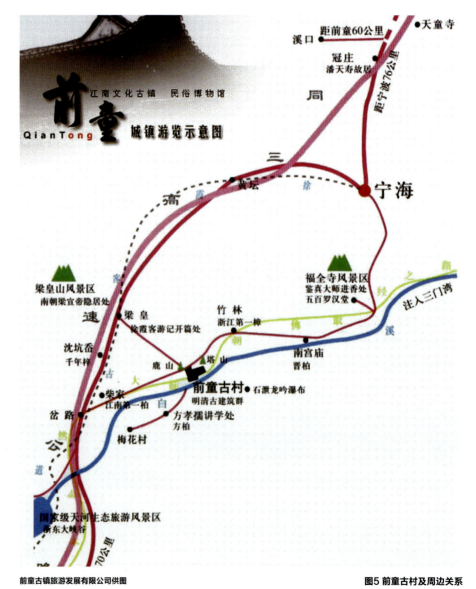

前童古镇旅游发展有限公司供图

图5 前童古村及周边关系

要表现为社区组织发展的普遍性、社区组织创办主体的外源性/内源性、社区组织选举制度的公开透明性、社区组织培训体系的完善性以及是否具有精英示范。这里的精英示范是指：在社区自组织发展居民参与的过程中，居民参与的程度有所差异，在整个参与过程中民主参与意识比较强的居民可以以自己的行为对参与不够的居民给予示范，以此带动整个社区的居民参与。社区居民参与中精英往往是社区居民参与中的积极分子，是社区参与的领导者，并在很多社区参与中起到很好的示范作用。

（2）个人。在自组织的状态下，当地居民自然是组织中的主要群体，居民参与旅游开发是社区全面发展的必由之路，居民自身因素是决定是否参与社区发展和旅游发展的内在动力。社区居民对于社区及旅游业参与的程度及内容因其参与能力、参与动机而变化。参与能力是指当地居民参与社区旅游的能力，由社区居民的文化程度、年龄、性别等特定因素组成；参与动机是指当地居民参与社区旅游的原因，由认知、归属感、民主意识、利益相关性等个体化因素组成。

认知，简单来说，是指社区居民对周围环境的一种判断。就旅游业而言，居民认知可以表现为对社区作用的认知，对旅游业发展的认知，对景区优势资源的认知等。社区居民的认知是积极的、正面的，才会主动自发地参与到社区活动中，贡献自己的力量。

归属感就是感觉自己属于某一个特定的组织、地域和群体，并与之休戚相关的一种潜意识和主观感受。社区居民的归属感可以表现为社区居民对公共利益的认知以及社区居民之间的情感依赖。社区居民只有对自己居住的社区怀有归属感，才会积极主动参与社区事务和社区活动，否则不但不会参与社区事务，反而会对社区活动持排斥态度。

利益相关性主要是指社区居民通过参与能在多大程度上满足居民自身的利益需求，具体表现为是否能够通过社区参与及旅游相关活动获得个人利益，包括物质利益和精神利益，这里的精神利益可以是成就感、精神愉悦等。当社区居民发现自己的参与能够满足自己物质或者精神层面的某种需求，将会更加积极参与。

民主意识是指个人对民主的认知程度，是社区居民参与的内在动力。民主意识不强，居民对自己的民主权利没有一个清晰的认识，就不会积极参与到社区公共事务中来。这就要求社区组织通过培训等方式加强社区居民的民主意识，促进社区参与。

以上对社区居民参与社区、旅游发展的因素分析可以以表格的形式加以汇总，见表1。我们不难发现，内部驱动因素的形成有赖于外部驱动变量的支撑，同时内部驱动因素也会作用于外部驱动因素，唯有两者之间相互作用，才能共同促进社区参与，实现旅游业健康稳定发展。

3. 浙江前童古镇居民参与性因素实证研究

3.1 前童旅游发展概况

前童古镇坐落于浙江省宁海县（宁波市下辖市县之一）西南部一片四面环山的平原之上，距县城约15km，西倚鹿山、东临塔山、背靠梁皇山。这是一个占地约2.5km²，有着两千余户、近万人口的自然宗族村落，童姓居民占九成以上。全村按"回"字九宫八卦式布局，水街并行。宅墙上常嵌有石花窗，图案多样，清丽典雅。

前童拥有完整的古建筑群、灿烂的人文景观和优美的自然风光等丰富旅游资源，已基本形成了以传统建筑风貌和民间生活为特色的历史文化保护区，保护开发了各具特色的传统民居区、梁皇山风景区、石泄龙吟景区和福泉山景区四大旅游景点，吸引着越来越多的国内外游客前来观光。

依托宗祠文化、耕读文化、原生态文化及民俗文化等资源优势，前童的旅游业始终保持着增长态势，2008年5月杭州湾大桥开通之后发展更为迅猛。最近两年景区年游客人次均超百万，年门票收入近250万元，成为宁波的主要景区之一。

前童古镇旅游业是通过社区及当地居民自发组织、少数几个文物爱好者以及古建筑群研究学者的大力支持逐渐发展起来的，其中曾经受到过政府部门的不支持、当地群众的不看好，但是，因其独特的建筑风貌和民俗文化，受到外部市场的青睐，从而受到上级政府的关注，至此，当地政府着手把前童打造成以旅游业为核心的旅游古镇。

前童旅游业的发展为当地带来了新的生机，景区工作人员及旅游业经营者大部分都是当地居民，在促进就业的同时实现了当地居民的增收；与此同时，当地政府在旅游开发的过程中，逐渐认识到生态环境以及历史文物保护的重要性，开始实施对环境加以整治、对文物加以保护的举措，也使当地居民从中受益。当然，政府的力度还是有限的，目前尚未能进行全面的整改，还需要进一步的资金和人员投入，加大整治力度。

3.2 影响居民社区参与积极性的因素分析

笔者于2012年1月16～18日在前童景区对前童的当地居民和旅游经营者开展了问卷调查，内容涉及人口统计学特征、参与态度、方式、动机等。共发放问卷220份，收回有效问卷207份，有效率为94.1%。在开展问卷调查的同时，还辅以现场观察、个别访谈，以及文献分析等方法以获取更多信息。对调查样本数据进行了相关性分析，得到以下分析结果。

通过对不同职业的调研者进行分析，发现土特产、手工艺品店的经营者、参加民俗活动的群体趋向于愿意积极参加旅游相关活动，景区的服务管理人员以及导游等也比较愿意参加。某种程度上这是由于这部分群体本身与旅游业的接触相对较频繁，故而在认知上比较明朗，促使他们愿意参加社区及旅游活动。

图片来源：前童古镇景区

图6 前童古镇游览图

以促进社区参与的开发原则和驱动因素为出发点，从定量上对社区居民参与性因素进行综合评价分析，力求识别出驱动社区参与旅游得以健康发展、各方利益主体实现共同获益的主要因子，这是实证研究的重点。

通过分析各因素之间的相关性，能够得到两两之间的相关系数矩阵，由于篇幅有限，本文仅将每一项影响因素的不同方面与居民参加旅游之间的相关系数予以列出，如表2所示。其中，数字越大表明相关性越显著。

至此，我们可以发现，促进前童古镇社区居民积极参与社区及旅游业活动的主要因素在于政府和个人层面的两大因素上。其一，调查者倾向于认为政府角色清晰、愿意帮助当地居民致富，并能够在开发旅游的同时注重当地环境及文化资源的保护，那么他们将会更愿意参与到社区及旅游发展中；其二，如果调查者对于当地环境的保护具有主人翁心态、对当地社区的情况比较了解，并对当地旅游业的发展持有积极态度，则会倾向于更多的社区参与；此外，开发商是否能够保证雇佣人员的利益以及对旅游者消费量的认知情况，也会在一定程度上影响居民的参与积极性。

4．旅游古镇自组织发展的引导与管理

针对社区居民自主参与旅游驱动因素的研究分析，为了提高社区居民参与旅游积极性，以促进旅游业的健康、可持续发展，提出下述三点建议。

4.1 建立合理的利益保障制度

旅游业的发展能为当地社区及居民带来极大经济效益，但前提是政府能够带头建立一套完善合理的利益保障制度，充分保证当地居民的利益，促进居民参与，对于发展旅游业对社区居民造成的损失，政府则应通过各种方法加以弥补。具体措施如：景区内的服务工作尽量由社区居民担任；增强社区对旅游资源的占有权；优先发展社区集体经济和股份经济；旅游服务设施对社区居民开放，并给予一定优惠；协调金融机构提供低息贷款等。

4.2 充分发挥社区的积极作用

社区是居民获得信息资源的主要途径，必须充分发挥社区积极作用，做好社区协调工作，引领社区居民主动参与社区发展，促进就业，带动旅游业发展。社区具体工作为：建立公开透明的选举制度；开展多样化的旅游培训活动；加大宣传力度；提供社区公共服务等。

表2 影响社区参与相关因素的分析

政府	与居民参加旅游相关活动间的相关系数
是否有优惠及鼓励政策	0.735
是否对公共设施等予以建设	0.589
是否保障居民利益	0.858
是否保护当地环境及文化资源	0.728
是否对开发商加以约束	0.809
开发商	**与居民参加旅游相关活动间的相关系数**
是否保护当地旅游资源	0.313
是否提供就业1	0.086
是否提供就业2	0.045
是否保证雇佣人员利益	0.296
商户	**与居民参加旅游相关活动间的相关系数**
是否存在恶性竞争	0.079
旅游者	**与居民参加旅游相关活动间的相关系数**
旅游者人数	0.019
旅游者消费量	0.429
社区	**与居民参加旅游相关活动间的相关系数**
精英示范	0.007
普遍性1	0.135
普遍性2	0.152
培训体系1	0.028
创办主体	0.034
选举制度	0.101
培训体系2	0.063
个人	**与居民参加旅游相关活动间的相关系数**
归属感1	0.174
民主意识1	0.633
认知	0.817
民主意识2	0.641
利益相关性	0.031
归属感2	0.119

4.3 提高社区居民的综合素质

社区居民是当地发展旅游业的生力军,逐步提高居民综合素质有利于旅游业的进一步发展。应加强和社区居民间的信息沟通,提高居民对旅游业以及自身在旅游发展中的地位和作用的认识,培训他们的旅游从业技能,提高参与能力。方式可以灵活多样,如定期开座谈会、参观学习、办讲座、电视教学等。

参考文献：

[1] 郑群明,钟林生. 参与式乡村旅游开发模式探讨. 旅游学刊,2004,19(4):33-37.

[2] 张伟,吴必虎. 利益主体理论在区域旅游规划中的应用——以四川省乐山市为例. 旅游学刊,2002(4):63-68.

[3] 孙九霞,保继刚. 从缺失到凸显：社区参与旅游发展研究脉络. 旅游学刊,2006,21(7):63-68.

[4] 刘少艾. 社区居民参与的激励因素——"周庄现象"的思考. 资源开发与市场. 2007,23(10):916,917,948.

[5] 沈洁,邱灿华. 可持续旅游及其发展路径探讨——以朱家角为例. 经济论坛,2011(10):164-167.

[6] 赵磊,方成. 社区居民参与古镇旅游经营意愿影响因素的实证分析——以朱家角和西塘古镇为例. 财贸经济,2011(8):113-121.

[7] 曾海,胡锡琴. 旅游资源的保护与可持续旅游探讨. 旅游资源管理,2002,19(1):58-61.

[8] 李锦宏,金彦平. 喀斯特山区乡村旅游开发模式研究——以贵州省为例. 农业经济,2008(5):20-23.

[9] 郭文. 乡村居民参与旅游开发的轮流制模式及社区增权效能研究——云南香格里拉雨崩社区个案. 旅游学刊,2010,25(3):76-82.

[10] 沈世伟. 前童古镇旅游发展对策探讨——基于旅游者中心论的研究. 商场现代化,2010(2):93-95.

The Application of a "Center – Transition –Border" Layer Space Model in Tourism Development of Historical Ancient Villages and Towns

"核心－过渡－辐射"的圈层空间模式在历史古村镇旅游开发中的应用

文/胡晓苒

【摘 要】

在旅游开发中，如何实现保护与开发的有效结合？如何实现从大众观光真正走向休闲度假旅游经济？如何在休闲度假时代更好地开发古村镇、遗产遗迹的旅游价值？笔者从多年的实践经验总结出发，提出"核心－过渡－辐射"的圈层空间模式；它对于历史古村镇旅游区开发具有普遍指导意义。

"核心－过渡－辐射"圈层空间模式是指，按照"以古遗址遗迹、文化演艺和历史场景再现等文化遗迹观光和保护性再现为核心落地层，以文化体验为核心的旅游休闲项目落地为过渡层，结合周边旅游资源，辐射拉动相关旅游产业项目的落地为辐射层"所形成的历史文化古村镇（落）的整体开发格局。因此，它是一种保护性的旅游开发，是基于综合产业落地的泛旅游开发，也是能够承载休闲度假功能的旅游区域开发。

【关键词】

历史古村镇；旅游开发；空间模式；圈层空间；旅游产业开发

【作者简介】

胡晓苒　北京交通大学经济管理学院旅游系硕士；北京达沃斯巅峰旅游规划设计院规划师

历史古村镇（落）开发中的"文化保护与旅游利用"的问题一直是规划学界关注和讨论的重点，也成为很多专家评审历史古村落旅游规划的依据。建筑规划师从建筑保护专业角度总结形成了一套古村镇重建恢复的开发规范——"历史文化遗址遗迹保护规划文本"；相比之下，旅游规划由于其创意性和市场性，多元性和综合性，目前很难提出历史古村镇旅游开发的规范和具体标准，本文仅从开发规划实践经验上，总结归纳出一套适合历史文化古村镇（落）开发的空间落地模式——"核心－过渡－辐射"圈层空间。

笔者所提出的"核心－过渡－辐射"圈层空间模式是指，按照"以古遗址遗迹、文化演艺和历史场景再现等文化遗迹观光和保护性再现为核心落地层，以文化体验为核心的旅游休闲项目落地为过渡层，结合周边旅游资源，辐射拉动相关旅游产业项目的落地为辐射层"所形成的历史文化古村镇（落）的整体开发格局（图1）。

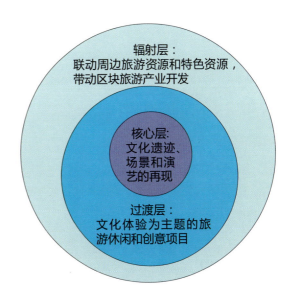

图1 "核心-过渡-辐射"圈层空间模式

1. "核心－过渡－辐射"空间是保护性的旅游开发

基于历史文化古村镇旅游开发中对文化遗址遗迹保护，以及对文化原真性传承的要求，历史古村镇的旅游开发绝不能走规模观光接待的路径。同时，旅游经济的效益性又要求有足够的市场规模和经济收益来保证旅游开发的可持续性，这两者之间的冲突在前期开发和后期运营中都是不可避免的。越来越多的人来旅游，并拉动吃住行游购娱的经济消费，政府和居民是乐意的；但文化遗迹遗物和原始自然场景在大众旅游中也势必会逐渐遗失，而后游客越加不满古镇文化的虚假化和俗套化。这也是目前大多数新开发历史古村镇中面临的最大问题。

历史古村镇的保护性开发是必需的；如何在旅游开发中既保持历史文化的原真性和传承性，同时提高旅游品质和经济效益，甚至产业辐射范围，也是重要的保障和开发成功的关键。"核心－过渡－辐射"圈层空间开发模式正是处于这样的综合考虑所提出的。它通过将"文化－旅游－泛旅游产业"在空间上的隔层和功能上的划分，最有效地保护了文化遗存，并实施人流和消费的引导。具体来说，对于核心的文化遗址遗迹进行保护性展示，重在保护（核心层）；对于游客密度和旅游行为集中的休闲娱乐产业进行集聚布局（过渡层）；最后通过整合周边的生态、民俗等资源，最大潜力地开发旅游辐射产业，扩大旅游的综合效益和带动效益（辐射层）。

2. "核心－过渡－辐射"空间强调了文化的原真性

"在开发中保护，在保护中开发"的理念最直接体现在"核心－过渡－辐射"圈层空间模式的"核心层"内涵上。"核心－过渡－辐射"圈层空间中"核心层"是将文化遗址遗迹、历史生活场景和历代传承下的文化渊源进行核心展示和有机保护，是整个历史文化古村镇旅游的核心竞争力，也是其永恒魅力所在。

核心层的开发是对历史古村镇文化的原真（原始真实）展示和再现，通过实实在在的历史痕迹和遗留，让游客对历史古村镇文化进行直接感触——这正是历史古村镇真实且不可抵挡的吸引力。即便是旅游规划开发，也应当力争让这里的文化不掺杂一丝虚构的直接展示在游客的面前，通过旅游得到历史文化的再现、感动和教育（图2）。

在本文提出的"核心-过渡-辐射"圈层空间中，核心层通过将文化的原始真实性的再现，对文化进行传承和演艺的再加工，奠定了整个古村镇的开发主题和核心吸引力。

3. "核心-过渡-辐射"空间体现了从文化观光向休闲度假旅游的过渡

历史古村镇的开发绝不能走初级粗放式的观光接待旅游，绝不能走门票数量型旅游经济渠道，也绝不能走仿古复制型文化赝品旅游路径，以"文化体验"为主题的休闲度假和情景创意才是古镇旅游开发的必然之路。

激烈竞争下的文化旅游市场，游客需求更加多元，旅游功能更加多样，文化产品更加创新，过去二十年来文化旅游即文化观光的开发思路已经远远落后于市场和时代的更新，因此，历史古村镇的旅游开发必须要从文化观光旅游跳出来，真正走向休闲度假旅游开发路径，而其本质要求就是休闲度假旅游产品的落地。"核心－过渡－辐射"圈层空间通过"过渡层"将文化休闲、场景演艺、娱乐体验等旅游功能型项目进行集聚布局和重点开发，而这才是历史古村镇旅游开发的重头戏，是能够带来古镇旅游经济活力的关键环节。

需要重视的是文化是旅游的灵魂，创意形成的休闲度假产品是载体。历史古村镇的旅游产品开发如果没有文化作为主题灵魂，就成为了无源之水，流入庸俗；但是没有旅游创意的转化，没有休闲度假功能的融入，没有游客体验参与的活动，那文化旅游开发更是纸上谈兵。如何选择文化主题，挖掘文化内涵，演绎历史传奇，创意文化项目，转化旅游产品，将文化资源通过旅游创意、通过市场化的选择，转化成为历史古村镇旅游开发中的功能载体？这也是本文"过渡层"所要解决的问题。笔者从历史古村镇的文化旅游特征出发，提出在"过渡层"要以文化体验和文化创意为基本功能，以历史文化、地缘文化、风情文化和生态文化为主题特色，以情景演艺、民俗创意、文化休闲、主题娱乐、宗教节庆、生态养生和会议度假为功能业态来广泛适应市场，通过文化寻根、文化探秘、科考教育、民俗体验、表演活动、节事活动、宗教活动等多样化的旅游参与活动和娱乐项目来活化历史古村镇文化，最大限度满足游客的文化体验需求（图3）。

同时，在"过渡层"的休闲旅游产品落地中，要注意发挥市场的主导作用，以企业投资为主，政府合理引导和监督，通过古镇文化旅游的开发，形成投资洼地，整体带动历史古村镇的开发建设。在运营模式上，通过休闲度假旅游项目的落地，形成活跃的人流和消费流，游客流上来源于观光、宗教、文化、度假、会议、运动休闲等不同目的类型的游客，多种业态的房地产提供商业场所和住宿，消纳和吸引住宿、消费和投资。而后期的旅游房地产业态一般也包括分时度假酒店、产权酒店、产权别墅等。

图2 核心层的内涵和意义

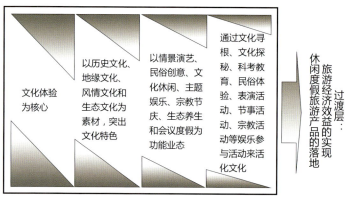

图3 过渡层的内涵和路径

4．"核心－过渡－辐射"空间延展了文化产业辐射范围和旅游经济拉动价值

在历史古村镇的整体开发中，往往由于和现存村庄、生态环境和居民生活的密切联系，不能仅旅游就旅游，割舍其他产业的发展；且旅游业是一项带动性和辐射性强的效益型产业，特别在古村镇整体区域开发中，综合考虑旅游及相关产业的联动开发是非常重要的一点。本文中所提出的"核心－过渡－辐射"圈层空间模式里的"辐射层"即是指与旅游相关产业的"泛旅游产业"的综合落地。泛旅游产业是目前区域旅游开发的一种趋势和倡导，它最大地发挥了旅游经济的综合产业价值和区域提升价值。

所谓"泛旅游产业"，一般认为是指超出观光、休闲、度假等传统旅游概念的更加泛化的旅游产业概念，是为人们提供具备趣味性、艺术性、知识性、刺激性等特性的体验消费的一系列产业的总称，其内容包括会展、运动、康体、娱乐等，产业链连接到餐饮、运输、酒店、商业、农业等。单一特性的消费内容已无法满足人们的消费需求，因此，泛旅游产业的各产业之间有很强的融合趋势，融合之后的产业结构将形成很高的附加值和溢出效应。相应的，对于历史古村镇旅游整体开发中，辐射层空间中"泛旅游产业"理论也具有实际的指导意义。（图4）

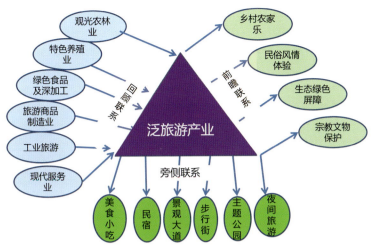

图4 旅游辐射层的"泛旅游产业"内涵

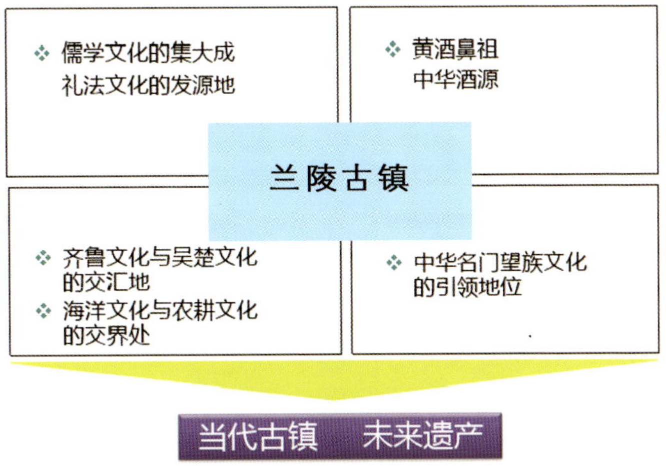

5. "核心－过渡－辐射"空间模式的应用——以山东兰陵古镇旅游开发规划为例

山东临沂苍山县兰陵镇历史悠久，文化底蕴丰厚，名誉古今。早在两千多年前的战国时期，著名的思想家、教育家荀子曾任兰陵令，之后多次设立郡治、县治，自古就是"逵达邹鲁，衢通淮徐"的重镇。古今知名的美男子"兰陵王"的传说故事也为兰陵古镇增添了浓厚的神秘色彩。北宋著名书画家米芾挥毫泼墨，写下了"阳羡春茶瑶草碧，兰陵美酒郁金香"的诗句。兰陵美酒与阳羡春茶驰名大江南北，被誉为宋代的两大名产。即使到近现代，兰陵美酒企业依然在兰陵县城内，为千年古镇兰陵赢得了"天下第一酒都"的称号。

文化考古界及旅游规划界人士将千年古镇兰陵的文化价值评价为"具有世界性的历史文化遗产"，但是由于其"断代"和"破坏"，历史文化遗迹大多消失殆尽，即使有所遗留，也因为处于村镇生活区而难以恢复重建。因此，千年古镇的开发要么是整体开发，否则仅是点式保护和景点开发是难以整体承载起如此厚重的历史文化价值的（图5）。

图5 兰陵千年古镇的文化内涵和价值定位

因此，在"兰陵古镇旅游开发规划"中，将兰陵古镇旅游总体定位为："传承兰陵文化，打造当代古镇，建设未来遗产，将兰陵古镇开发成为国内一流、国外知名的'历史文化古城'。为了整体有序、科学滚动进行古镇开发，合理进行旅游产业的布局和推进，我们采取了"核心－过渡－辐射"的圈层空间布局。

核心层：古镇文化展示核

兰陵镇的文化遗存仅有：兰陵县城10km之内，有城东南荀子墓、高柴墓，城北萧望之墓；古镇原有东西1.5km，南北2.5km的大城墙，东门题"东海镜清"，北门题"文峰映秀"，西门题"逵达邹鲁"，南门题"街通淮徐"，四大城门均在文革时期被毁（图6）。

古镇开发的核心在于文化原始真实性的展示和传承，因此，依托现有古镇上的遗址

图6 兰陵县文化遗址遗迹分布现状

遗迹进行保护性展示和开发，包括：按照古镇的"历史古城布局图"，在现有遗址上恢复重建了东、南、西、北四城门，东、南、北三牌坊，一寺（永安寺）、一庙（三圣庙）、一衙门（荀子县衙）；另外为了集中展示历史文物和提升历史遗迹观光品质，建立现代仿真展示技术的古镇文化博物馆，重建具有历史纪念意义的荀子故居，以及围绕核心古城区外围的一条环古城绿化景观带（图7）。

过渡层：古镇文化体验区

围绕着古镇核心文化，结合地缘文化资源和用地现状，因地制宜，在"过渡层"的空间里集中布局以"古镇文化"为主题的休闲旅游体验项目。千年的兰陵文化是由丰富的历史文化积淀而成的，迄今3000多年历史的兰陵美酒文化，是兰陵美酒的最早见证；南齐开国皇帝梁朝萧衍一族，也是侨居南兰陵的萧氏同族，多数留在兰陵；南北朝和隋唐著名乐舞节目《兰陵王入阵曲》讲的兰陵王，即北齐时文襄第四子高长恭(孝瓘)，他的封地正为兰陵；明代有名的才子书《金瓶梅》的作者笑笑生，也是兰陵人，据说《金瓶梅》正是在兰陵著作而成……

还有一个重要的支撑因素是兰陵县土地资源非常充足，该区域正位于环县城地带，水、电、路、讯等基础配套设施基本完善，开发基础较好，因此，在该"过渡层"集中开发力度，规划布局了"一河九园"主题休闲度假项目：沿现有河道，利用西伽河的水利工程（山东省水利工程），引水恢复当年的护城河，使得绿水重流、风光再现；结合现有资源相应建设"金瓶梅文化演艺园、兰陵美酒文化园、荀子文化园、中华礼法文化园、王氏家族文化园、萧氏家族文化园、兰陵红色文化园、兰陵古商业斜街以及千年古镇标志性项目"（图8）。

"一河九园"十大旅游项目是兰陵古镇旅游功能体现的主要载体，是游客在观光之后，进行娱乐体验，度假居住，进行文化教育的旅游用地，也是旅游经济的主要效益来源。

辐射层：泛旅游产业辐射区

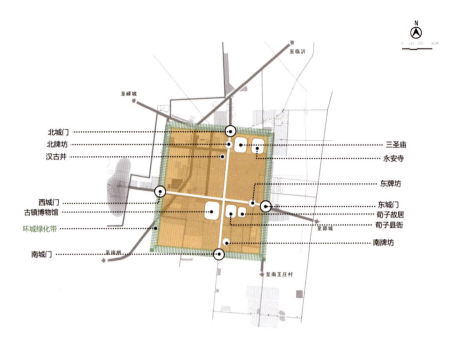

图7 兰陵古镇旅游开发空间的核心层——古镇文化展示核

图8 兰陵古镇旅游开发空间的过渡层——古镇文化体验区

结合兰陵县中心城区和环城区域，集中布局了文化博览展示和休闲体验项目，但这仅是中心城区的旅游开发，考虑到兰陵镇的整体开发，最大程度地发挥旅游的辐射带动价值，因此，将整个兰陵镇区划作为兰陵古镇旅游范围，即兰陵县城乡村范围成为泛旅游产业辐射层（如图9所示）。

在兰陵古镇的整体开发格局下，辐射层强调的是旅游对本地区内农业、民俗、乡村、工艺、宗教、森林、特色产业等各种社会和产业资源的综合拉动性。比如，兰陵艾曲商贸园是苍山无公害蔬菜生产基地的龙头，是山东南菜园各类蔬菜的经营集散中心，经营蔬菜品种30多种，行销全国各地，并出口日本、俄罗斯等了千年古镇历史文化的真实性和吸引力，最大潜力地挖掘了文化古镇的休闲、演艺、体验、度假等旅游功能，以及最大限度地整合联动相关产业进行综合开发，逐层推进，全面覆盖，最终通过科学旅游规划向世人再现一幅丰满迷人的兰陵千年古镇的"文化繁华"画卷。

除了历史文化古村镇的开发外，这种"核心－过渡－辐射"的圈层空间落地模式也适合有核心吸引物且吸引物资源珍贵脆弱，有产业拓展需求且有规模落地基础的旅游区开发。当今时代旅游开发是保护环境和资源可持续利用的开发，是兼具经济效益和社会效益的产业开发，笔者以历史古村镇为典型模式，从空间落地角度探讨了一种实现从"旅游资源到旅游吸引物"、"旅游产品到泛旅游产业"、"文化观光到休闲度假"的开发路径，相信在更多旅游区开发、旅游产业开发中会有很好的实践指导价值。

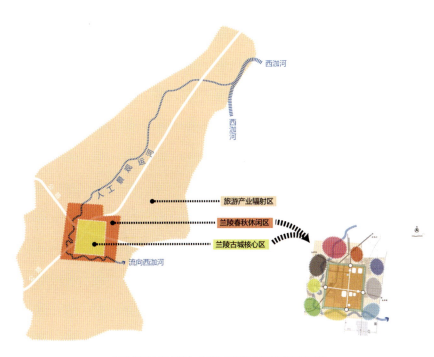

图9 兰陵古镇"核心-过渡-辐射"三层空间范围示意

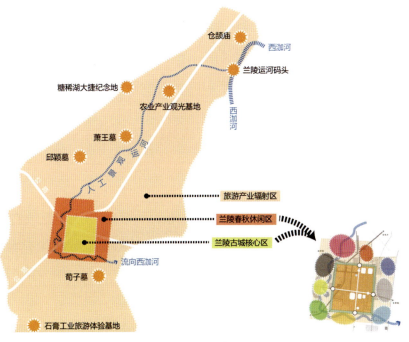

图10 兰陵古镇旅游开发空间的过渡层——古镇文化体验区

7个国家和地区。借助兰陵古镇旅游的整体开发，将农业商贸园纳入古镇文化旅游开发下，提升环境品质，点缀文化景观，融入旅游休闲和特色购物功能。另外，将原来兰陵石膏加工厂进行改造提升，以石膏绿色开采为核心，采用现代生产技术，展示本地石刻石（膏）雕的艺术工艺，通过工业和旅游业的结合形成"新兰工业旅游园"等（图10）。

在中心城区外，整合所能够整合的区域资源，辐射带动相关产业联动发展，将整个兰陵县打造成为旅游经济活跃、人文底蕴浓厚、生态环境优美的旅游名镇。

正是通过"核心－过渡－辐射"圈层空间模式对兰陵古镇的整体开发，最大突出和保护

The Integration of Regional Culture and City/Town Planning from the Viewpoint of "Organic Renewal" Theory: A Case Study of the Concept Plan for the Anxi Garden Theme Program

从"有机更新"理论谈城镇规划与地域文化的融合
——以安溪田园主题项目概念规划设计方案为例

文/戴亮 冯宇霆 方向明

【摘 要】

"有机更新"理论是吴良镛先生针对旧城改造提出来的,强调应遵循城市的内在规律进行更新。这条理论对解决规划项目中如何融合地域文化的问题也有积极的指导意义。安溪政府通过对福建省安溪县地方文脉、自然、经济等多方面的研究,制定出一条尊重当地文化底蕴的、以商贸服务业和商业旅游业为助推产业的可持续发展之路,使城镇面貌的更新仍然传承在悠久的地域文脉之上。特色旅游已逐步成为当下主流的旅游文化产业,基于安溪特色的田园主题城镇规划项目也将成为田园主题城镇规划的成功案例。

【关键词】

有机更新;地域文化;田园主题;城镇规划

【作者简介】

戴　亮　　奥雅设计集团生态工程师及项目经理
冯宇霆　　奥雅设计集团市场助理
方向明　　奥雅设计集团助理品牌经理,奥雅刊物《平台》杂志编辑

本文图片由郭钟秀提供

1. "有机更新"理论及其应用原则

每一个区域的历史沿革都离不开这个区域所处的地理位置，概括起来说就是"地缘"二字。综合考虑某个区域的地理位置、自然条件就是结合"地缘因素"来探索该区域的历史沿革，这是了解地域文化的前提，也是把握地域文脉，使之能够传承下来的极为有效的方法。这是每一座城市在发展历程中都应当遵循的内在规律，也是它们的机理，城市规划与开发必然和相应的内在规律及城市机理息息相关，否则，展开的设计及建成的项目都会脱离它应有的根脉而失去活力，可持续发展更是无从谈起。

"有机更新"理论是吴良镛先生对旧城更新规划项目进行长期研究的成果，是在对中西方城市发展历史和城市规划理论充分认识的基础上，结合我国的现实情况提出的，针对旧城改造项目，他主张：遵循城市内在的发展规律，摸索和把握城市的机理，以走可持续发展的道路为前提，采用适当规模、适合尺度，依据改造内容与要求，妥善处理目前与将来的关系，使每一片的发展达到相对的完整性，促进旧城整体环境得到改善，达到有机更新的目的。

关于城市面貌更新的问题上，"有机更新"理论有以下四条应用原则：

1）整体性的更新原则。每一座城市都是一个协调统一的整体，所以单就规划项目所在的片区而言，首先要做到的是融入到城市的大环境中去，而不是标新立异、特立独行。针对某一片区的规划，如何做到不破坏城市的整体性？答案只能在地域文化中寻求，能否抓住这个空间上的横向脉络，规划项目是否与地域文化结合，这是整个项目成败的关键。

2）延续性的更新原则。规划项目通常是在城市发展积累到需要更新的阶段而必须要进行的，所以，不能割裂这个片区在时间轴上的纵向脉络。不仅如此，还要做到经济效益、环境效益及社会文化效益三位一体的原则。

3）形态与制度同时更新的原则。"有机更新"理论认为：城市更新是以更好地满足居民城市生活需要为目标的，而城市生活包含社会经济等各个方面。通常情况下，规划项目往往在城市形态上关注较多，最后往往都忽略了制度的更新。

4）规划项目要以所在片区原有的经济社会功能为基础，再谈拓展与创新。失去了前者，将使得所在片区的居民在城市面貌焕然一新后无所适从，原有的业态要逐一保留，使它们最终得到拓展，并且与新兴业态形成良性循环式的产业链。

图1 项目基地区位

图2 场地现状1

图3 场地现状2

下面，将以安溪田园主题城镇规划项目的方案设计为实例，具体阐明"有机更新"理论及其应用原则在解决实际问题中的效用。

2. 对安溪县区域概况及项目基地的研究

2.1 基于地缘因素挖掘安溪区域的文化特征

福建省位于中国东南沿海，与台湾省隔海峡相望。省内大部分地区属中亚热带气候，闽东南部分地区属南亚热带气候，省内农耕用地主要集中在沿海平原、沿河流域、山间谷地与低丘陵梯田地区。而安溪县位于福建省中部偏南，省内的晋江以此地为源头源远流长，野生动植物丰茂，达4000余种，森林覆盖率达到70%。这些基础条件使得安溪县成为一处空气清新、峰峦叠嶂、泉水甘醇的宝地，也更是能够盛产世界名茶——铁观音的天然基础。好的泉水用来泡茶，适宜的自然条件盛产茶叶，自然"茶文化"就成为安溪县最为鲜明的文化特征。"铁观音"的历史可追溯到18世纪，而关于它的传说更是引人入胜，安溪铁观音的制茶工艺也被列入国家级非物质文化遗产名录。加之此茶含有高量的氨基酸、维生素、矿物质、茶多酚及生物碱，所以有抗衰老、抗癌、抗动脉硬化等众多功效，"铁观音"的名声已经享誉海内外了。从旅游的角度来说，安溪的茶文化旅游专线被列为全国三大茶文化旅游黄金线路之一，可见，"茶文化"是该地区最为著名也最能体现地域文化特色的，深入研究并将之融入规划设计当中是极为重要的。

综上所述，这是规划项目所在片区拥有的宏观背景，在这个背景下，区域内特征鲜明的经济形态、文化个性及社会状况都是由来已久的。

2.2 挖掘项目基地的地理、社会及经济特征

2.2.1 地理条件

安溪县位于福建省东南沿海，属海峡西岸经济区，厦（门）漳（州）泉（州）金三角西北部，隶属泉州市，1985年国务院确定为首批对外开放县份。基地位于安溪县城西部的南翼新城，范围793hm²（图1）。近年来，安溪县南翼新城飞速发展的强劲势头令人震撼。这里不仅有华东地区规模最大的信息技术服务外包基地、中科院低碳城市研究中心示范区、先进的新能源新材料生产基地，还有海西最大的户外运动基地、海西规模最大风格最齐全的温泉圣地，这一切都显示出南翼新城有着良好的经济发展前景。依托灵山秀水，熏染着浓郁的地域文化，凭借当地政府招商引资的一系列举措，再加上挖掘并传承地域文化的规划政策，文化主题的旅游产业也将成为产业链中的重要一环。

项目基地位于龙门、官桥两镇，山川秀丽，自然资源丰富。属亚热带季风气候，四季分明，年平均气温20℃，湿度72%；年降水量

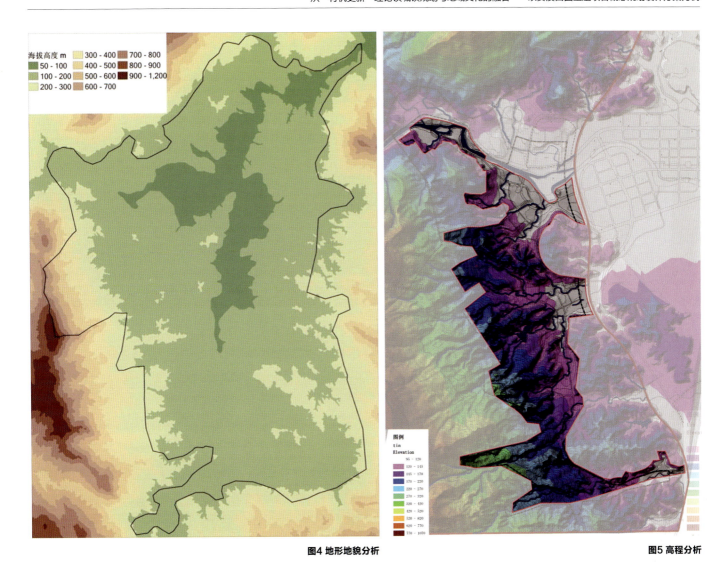

图4 地形地貌分析　　　　　　　　　　　　　　　　　　　　　　　　图5 高程分析

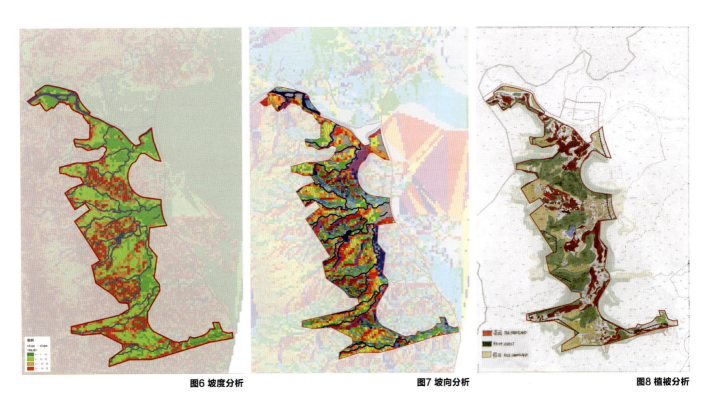

图6 坡度分析　　　　　　　　　　图7 坡向分析　　　　　　　　　　图8 植被分析

1800mm，多集中在春夏两季，雨量变化大，易造成洪涝灾害；主导风向为东风（图2、图3）。这里有着养生、度假及旅游业态天然的生存土壤以及发展条件，非常适合文化主题旅游度假项目的开发。

规划范围的地貌为丘陵河谷型，四周为丘陵，地形起伏、山峰林立，中部为河谷盆地，地势低平。整体呈群山环抱之势，海拔高度变化范围为50~420m，地形变化很大（图4~图7）。

当地主要植被以林地、稻田和茶园为主、谷底和平缓地区主要分布稻田和茶园，林地则分布在海拔较高或较陡峭的山体中（图8）。

区域内部分布若干条自然溪流，均顺着山谷从山顶汇入谷底，流向为自西南向西北。山顶有一处自然水库，场地北侧为安溪县的主要河流之一，蓝溪（图9）。

由以上地理概况可见，项目基地地貌起伏多变，呈群山环抱之势，另有天然的溪流蜿蜒而过，为养生度假绝佳之所。植被丰茂多样，森林、稻田及茶园分布很广，一则可以提供非常充足的氧气，使得居住于此的人可以一吐常年居于都市的闷气，起到养生度假、放松身心的作用；一则能够提供体验农耕文化、种茶乃至制茶的生产过程，深入地品味安溪当地的"茶"文化。

2.2.2 社会及经济特征

1）社会现状

目前，南翼新城规划范围含官桥镇在内所辖的105km²及龙门镇所辖的156km²区域。据2006年的统计数据，规划区域范围内人口总数约为8.98万人。

经过实地调研发现，该地区内宅居建筑以私人所建的平房及小高层为主，建筑群落分布广而散，纵观可见，南翼新城缺乏较为现代的、成熟的住宅社区。特别是商业社会较为落后，几乎没有集中的商业中心，相应的服务及配套设施更加不完善，仅仅是勉强维持居民使用。

此外，区域内文化娱乐设施也是严重缺乏，看不到大型的综合文化中心、图书馆、博物馆以及室外活动场所。由于安溪县是国内著名的茶文化旅游黄金三线之一，绝对称得上一个旅游名胜之地，旅游景点自然是比较丰富的，但是，景点之间未能连成系统的旅游网络，各种旅游项目之间缺乏有效的联系。加之旅游配套设施缺乏，项目的开发并不能达到预期的理想，不仅会给地区内政府和人民对开发项目的信心造成不好的影响，也未能给当地居民以及政府带来相应成比例的收益。本来，近年来南翼新城的发展是迅速而且值得肯定的，但是仍然缺乏能与国际接轨的科技、创意等文化产业，也缺乏一种纽带来有效地带动已有的产业，形成可持续发展的、良性循环的产业链，项目的开发应该注重解决社会问题，以实现这种社会效益为目的。

2）经济现状

安溪县近几年地区生产总值保持稳步上

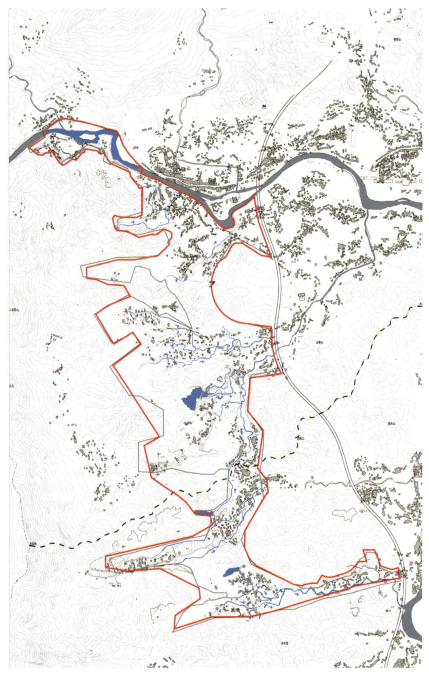

图9 水文分析

图10 安溪县祠堂

升，由2005年的136亿元增长到2009年的248亿元，增长速度保持在12%~16%，2009年同比增长11.2%，超过全国8.7%的水平。其中第二产业和第三产业分别达到12.0%和11.4%。至2009年三次产业优化为8:58:34。

近五年来，安溪三次产业结构变化较小，第二产业所占比重均超过一半，第三产业所占比重稳定在1/3左右。2011年着力转变发展方式，加快产业结构转型升级，虽然制订《安溪县石材行业共和整治方案》，但第二产业以食品加工、纺织服装、包装印刷为主的三大新兴产业产值增长30.5%，显示出强劲的增长实力。

安溪政府近年来按照"大手笔、快速度、招大商、敢融资、生态型"的工作思路，加快城市化步伐，EC国际信息技术服务外包产业园、两岸金融研究中心、龙泉国际新城、奥特莱斯等，都将成为其闪亮的城市名片。"变无为有，好中选优"被定为南翼新城的成长之路，而当地的居民看到这些后常常用"无中生有"来形容家乡蓬勃的发展与变化，安溪人民正在谱写一本人为的创业史。在这种背景下，经济的发展会催动产业链的完善，也会催动旅游产业的发展。

2.2.3 安溪县在福建省的地位及发展定位

由以上内容可知，安溪县的城市发展方向是和厦门、漳州、泉州一体化前进，并带来同城效应；利用大泉州市场，成为泉州藤铁工艺出口基地和特色产业基地；接收厦门经济、技术、资金辐射，建成厦门的城市后花园、生态度假区和产业梯度转移基地。

安溪县的发展总目标为：立足泉州，依托厦门，把安溪建设成工贸发达、特色突出、山川秀丽、文明和谐的现代山水茶乡。

城市性质定位为：全国著名的茶乡，以轻加工业为重点，第三产业较发达的，集水光山色，闽南特色于一体的工贸型山水城市。

安溪县将和厦门、漳州以及泉州联系更为紧密，并且以良好的生态资源、便利的交通和深厚的文化底蕴为基础，成为福建省中部的旅游胜地，也将成为厦门、漳州以及泉州市民的后花园，并且茶产业的发展和茶文化的推广将使得安溪变得更加独具魅力。

2.2.4 南翼新城对于安溪县的地位及发展定位

南翼新城的城市发展目标是成为海西生态健康旅游新城。该区域规划定位为：温泉生态旅游、绿色产业、运动休闲、职业培训、宜居地产和养生康体。

南翼新城地区的规划结构为"三个中心"——南翼新城商贸服务中心、行政中心、新城旅游商业中心。

结合官桥镇和龙门镇地块构成的南翼新城将成为依托生态环境，以打造休闲旅游城市为主要方向，并将围绕三个中心进行发展，商贸服务业和商业旅游业将是该地区主导产业。

根据《南翼新城总体规划》，项目基地方位内的用地功能将主要承载一类居住用地、二类居住用地、酒店用地、商业用地、商住混合用地以及文化娱乐用地功能。

2.3 总结

综上所述，安溪县南翼新城地区城镇的规划与开发是离不开挖掘"茶文化"旅游产业这一主题的，而且遵循"有机更新"理论四条应用原则，不难看出这里将成长为一个极具文化韵味的新城区：

（1）在地理条件上有良好的先天基础，稻田遍布、茶园纵横，为"田园主题"城镇规划项目提供了不可多得的天然土壤；

（2）近年来基础产业的发展以及经济的飞速进步，都为旅游产业的发展提供了良好的经济基础，并且也急需旅游产业来促使当地产业结构的调整和产业的多元化，可以刺激并带动当地经济朝着可持续发展的方向不断前进；

（3）虽然经济发展迅速，但是当地居民仍然缺乏适合时宜的文体娱乐设施及场所，田园主题城镇规划项目在这种民众诉求下有着良好的先决条件，能为后续的开发提供支持，也能为当地民众与政府带来实实在在的经济效益，对增加就业机会、丰富人民精神生活有着非凡的意义；

（4）由于地理条件的优势，"茶"，特别是铁观音，成为安溪县著名的品牌茶叶，借此，安溪也成为中国国内三大茶文化旅游黄金线路之一。在中国传统文化中，"茶"

远远不止是一种饮料，"茶"身上凝聚着太多的文化韵味，而安溪县也是这种文化得以源远流长的源头之一。饮茶，在中国人的心中更多的是一种修身养性的行为，陆羽所著的《茶经》更是推动了茶文化的发展，使之在中国人特别是安溪人心中根深蒂固。"茶文化"主题的旅游产业不仅能让游客体会到鲜明的地域文化特色，也能传播、弘扬"茶"文化；不仅为当地精神文明建设发挥作用，也能为传承中国文化贡献力量。

3 该方案设计中"有机更新"应用原则的体现

3.1 "延续性"的更新原则为指导，制定可持续的发展策略

当地政府在制定产业发展轨迹时，安溪南翼新城的产业发展可以用"退出"和"转型"两个词来概括，本着"有进有退，绿色发展"原则，南翼新城对产业进行了重新选择。

高能耗、重污染的产业，例如石材产业，几年间在安溪南翼新城全部"下课"，主要是为了引进大项目、好项目提供发展空间，而所谓的大项目、好项目则是指低碳、生态的环保型产业。例如：威禹新能源产业园，规划将在千亩土地上，生产太阳能逆变器芯片及离并网光伏逆变器、非晶合金铁芯及变压器、风力发电机、超级电容、飞轮储能设备、纳米新材料等，极力倡导新能源的研发和使用。中国科学院低碳经济与新能源示范基地项目，将在这里建设低碳城市示范模型和低碳城市论坛会址，将南翼新城定位为环保基地。

鉴于此，田园主题城镇规划与开发项目自然是不能离开"生态"二字，不仅在经济上有所体现，在环境、社会文化上也要有所体现。所以，概念规划中特制定"三位一体"的可持续发展策略：

1）经济可持续发展策略

制定与当地经济发展和环境发展政策相符的项目推广策略；通过对都市和自然景观的建设与改善、发展自然和文化旅游休闲项目来提高地区居住和商业环境；加强和周边经济发展区域的合作和联系，形成产业链；鼓励和推动"绿色建筑"、资源循环产业和新能源技术的发展；推广绿色环保加工生产程序，将浪费和污染控制在最小限度。

2）环境可持续发展策略

加强对该区域的环境监测和管理力度；建立有特殊价值的当地物种保护区和动植物生存繁殖保留地；最大化循环利用、最小化开发自然资源；加强和普及生态环境保护意识和知识，促进开展生态旅游项目；尽可能使用新兴环保建筑材料和再生材料；采用科学无污染的废弃物和污染物管理和处理办法；新能源、可再生能源的使用；推广水资源的循环使用、中水净化成为灌溉用水技术以及雨水净化系统。

3）社会文化可持续发展策略

具有前瞻性和科学性的领导、管理机构、管理模式，以及各部门的通力合作；利用当地特有的文化和历史积淀，采用可叙述式的表现手法，为该地区打造具有当地特色的旅游主题和景点；打造美丽的自然生态环境，为该地区的工作、生活和休闲服务；为游客提供自然环境及历史文化的互动平台；通过新兴项目的推广为当地带来更多的就业岗位和提高居民工资收入；新兴产业形式的出现为当地居民的文化素质、技能技巧的提供创造良好的提升平台。

3.2 "整体性"的更新原则为指导，制定规划项目的定位、原则以及方针

3.2.1 在项目定位上突出文化的横向、纵向衔接

宋徽宗赵佶曾在其关于茶的专著——《大观茶论》中有云：至若茶之为物，擅瓯闽之秀气，钟山川之灵禀，祛襟涤滞，致清导和，则非庸人孺子可得而知矣，中澹间洁，韵高致静。

由此可见，"茶"在中国人心目中的地位，它身上凝聚的文化意蕴已经不是三言两语能言明。福建，已经借着"茶"在中国多彩的地域文化中独树一帜，而当地盛产的"铁观音"已然成为大家公认的健康保健品。文人常说：头汤呷罢津津味，底蕴超然淡淡真。这些绝妙的诗句正描述出了此茶绝美的意蕴。所以，安溪田园主题城镇规划项目须定位为：以体现山野情趣、养生康体、茗茶文化、高端养身居所、特色休闲旅游、新型创意等核心概念，打造一个以健康休闲养生为中心的旅游服务产业集群。

在此定位的基础上，整个项目需围绕三大功能主题：

（1）生态静养养生主题；

（2）休闲养身运动主题；

（3）艺术创意创作主题。

3.2.2 在规划原则、方针上突出"整体性"

安溪南翼新城拥有良好的田园风貌，安溪生态静养茶谷应结合这些现有资源和原有的文化特色，成长为国内乃至国际知名的特色高端静养中心、特色高尔夫球场和生态旅游服务区域。不仅符合地区规划整体开发策略，也可以突出自身品牌和活动策划特色。

切合当地政府低碳、环保、生态的产业发展轨迹，用生态技术打造高质量自然生态景观体系展现安溪自然环境独特魅力。安溪生态静养茶谷将成为传承当地独特文化和体现高品质养生休闲旅游胜地，也将成为一个充满活力、体现自然和文化魅力的高档静养居住社区的载体。

而该区域民众的生活、居住和休闲娱乐环境都将以展现当地文化为主，民众与环境因为有传统的地域文化作为主线，自然不会对新的环境感到陌生，反而会欣然而往。

项目规划要结合自然地形地貌设置不同功能和体验的公共活动区，服务范围辐射整个南翼新城，将新兴的高新创意产业、体检康复产业、旅游服务产业以及旅游地产业相结合，形成一个完整的产业链，并和地方特色经济产业紧紧相连。总体规划将致力于打造安溪生态静养茶谷的核心地位，并和周边的相关产业形成

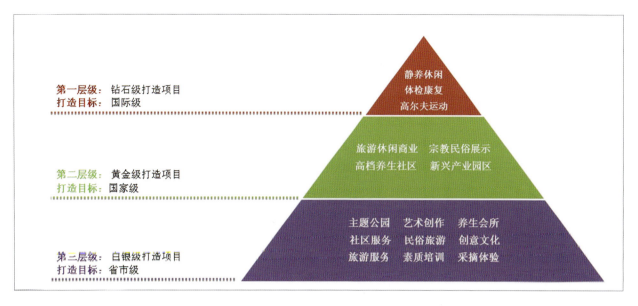

图11 项目结构层级

一个网络和绿色廊道。为安溪县构造一个完整的以旅游服务业和新兴产业为主要内容的经济体系。

依据上述原则，特制定规划方针用来约束：保持原有自然生态系统和地貌机理；规划布局合理，疏密结合；混合及复合性用地，实现土地高效利用率；远近结合、相对独立，利于分期开发；反应并充分结合现状地段的人文与自然景观特征；树立并打造各区域"场所精神"；各区域有序而有趣地相互串联；景观绿色廊道和河流蓝色廊道相互呼应；外部和内部各级道路体系形成完整网络；开放空间、公共设施和居住区域自然融合。

3.3 "形态、制度同时更新"的原则为指导，进行项目策划

3.3.1 项目策划依据

依托安溪独特的自然环境，以静养休闲和高尔夫运动作为特色产业，打造以生态绿色、养生休闲和生态旅游服务为主题的高档旅游休闲度假中心——安溪国际生态静养茶谷，这里将成为一个涵盖特色高尔夫、茶主题静养休闲、生态山林游览、温泉瑜伽、健康管理、保健运动、艺术创作、茶道文化、创新产业为一体的高端静养度假胜地。

表1 分阶段规划

阶段	人均GDP/美元	休闲方式	休闲人群	休闲场地
起步阶段	1000~2000	喝茶、打牌、聊天	普通市民	就近的室内或茶室
发展阶段	2000~3000 国内大中城市	温泉、SPA、高尔夫、瑜伽、生态旅游等主题休闲	中产阶级	就近的室内或茶室
高级阶段	3000~5000 国内部分地区	专业养生机构介入、养生专家指导、投资产权式休闲养生地产、养生生活方式成为习惯	精英阶层	休闲度假主题城镇、主题度假区
成熟阶段	>5000 欧美发达地区	全民养生健身氛围、慢节奏的低碳健康生活成为日常生活习惯	全民	大多数环境优良的城镇、主题度假城镇和主题度假区

生态静养茶谷的建立在推动安溪旅游服务产业发展的同时，进一步增加当地就业机会，提高当地就业人员素质。通过旅游服务产业和新型创意产业的互相促进与发展，此项目将为推动安溪产业链的完善与发展，提供客户来源，扩大市场份额，提高休闲地产发展规模与等级，并为安溪打开一个面向国际的窗口（表1）。

世界旅游组织预测，到2015年，中国将成为全球最大的国际旅游目的地国家和第四大旅游客源国。中国高端旅游市场的发展，将依托产品特色化，创立自有知名品牌，吸引客源，带动产业链的形成，并加快当地经济建设与发展。

目前，休闲地产已形成了三种不同的发展形态：世界性休闲地产——休闲新城；全国性休闲地产——度假区；区域性休闲地产——主题休闲城区。据世界旅游组织调查，今后巧年，全球参加社会工作的人每年将有50%以上的时间用于休闲，休闲产业将成为世界发展最快的产业之一。

静养的目的在于通过精神、身体的休息，达到调节情绪，减低消耗，消除疲劳，恢复体能，排除有害因子，进而进行自我控制。

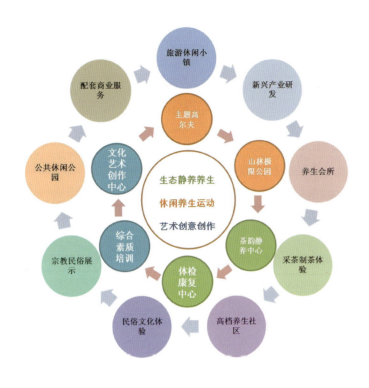

图12 产业集群

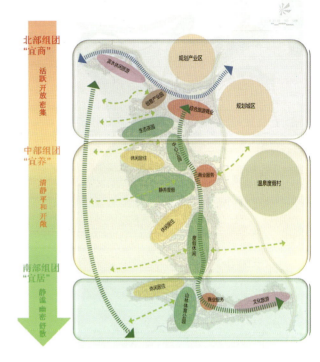

图13 规划结构

3.3.2 项目策划结构

根据国际休闲服务产业发展趋势、南翼新城的规划和实际场地勘测情况，我们搭建出该地块投资项目结构，结构呈金字塔式，自上而下分为三个层级（图11）。

3.3.3 产业集群

安溪项目中所策划的投资项目，将形成一个完整的产业集群。所有策划项目之间都相辅相成、相互促进。

以静养休闲和特色高尔夫作为集群中的核心产业，引领产业链中其他相关产业发展，相关产业同时也为主打产业提供更完善的功能和品质（图12）。

3.3.4 项目综合影响

1）直接的经济影响力

度假休闲产业可直接影响的行业包括食品加工制造业、旅游纪念品制造业、饮料制造业、服装及其他纤维制品制造业、印刷业、医药制造业、工艺美术品制造业、饮食业、客运业、旅游业、文化娱乐和相关服务业，所以，度假休闲产业将会有一种乘数效应，对提升地区特征形象、提高地区税收、促进资本引进、增长人民收入等都起到重要作用。

2）潜在的经济影响力

度假休闲产业作为国民经济的一个产业组成，其消费支出与其他消费支出一样对国民经济产出有着乘数效应。度假休闲产业是一个高关联度的复合型产业，该产业不仅仅和交通运输业、餐饮业、旅游服务业等产业部门直接相关，而且和第三产业的绝大多数部门都有着相关关系。

旅游产业间接影响的行业，包括：种植业、建筑业、金融业、保险业、房地产业、文化艺术和广播电影电视事业、教育事业、木制品及竹藤棕草制品制造业、造纸及纸制品业、文化用品制造业、石油加工业、基本化学原料制造业、其他交通运输设备制造业、化学纤维制造业等。

3）潜在的社会影响力

安溪国际静养茶谷的建设与发展，一方面能够增进地方居民对新型产业的认知和接受，令其能够捕捉新一轮的发展机遇，创造更多就业机会与提高当地人民收入，同时，由此发展当地教育业、培训业和文化艺术事业等，将进一步提高当地就业人员素质，提升文化品位、项目档次和地方品牌，吸引高端人力和资本，为地域经济发展提供更广阔的上升空间。

3.4 综合"有机更新"理论的四条应用原则，制订规划方案

3.4.1 规划结构

地块规划将分为三个组团（图13~图15）：北部组团，以创意产业研发、生态茶产业、商业为核心；中部组团，以生态静养、旅游度假、商业服务为核心；南部组团，以休闲居住、文化旅游、商业配套为核心。

北部组团的主要结构组成为：创意产业基地、采茶制茶体验、综合商业服务、滨水休闲服务。

中部组团的主要结构组成为：生态主题静养、养生休闲旅游、中央公园绿地、商务休闲服务。

南部组团的主要结构组成为：主题山林公园、生态静养居所、民俗文化旅游、配套商业服务。

道路布局（图16）以通畅、便捷为原则，

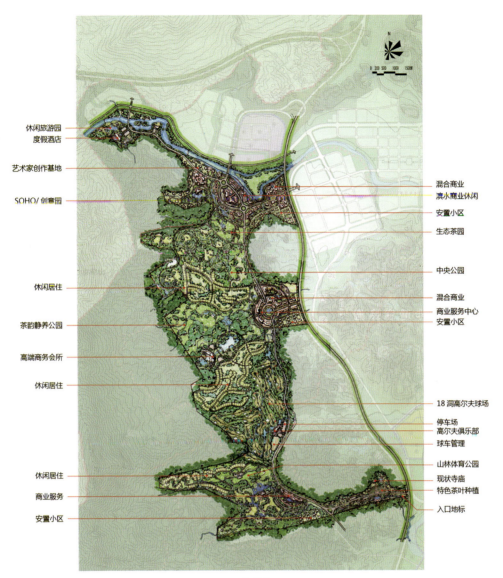

图14 规划总图

图15 功能布局　　　　　图16 道路规划　　　　　图17 水系规划

首先要解决的是该地区景点之间缺少有效联系的问题。在交通上使得各个景点区域相连通，将整个片区的北部、中部、南部组团构成一个相对独立却又互相联系的整体，交通枢纽所在分别是城市人文景观节点、自然景观节点、商业景观节点、社区景观节点区域。避免繁杂的路线却又可以有效沟通每个节点，这是该项目道路规划必须做到的。

正所谓灵山秀水出人杰，田园主题的规划项目必然少不了水。水系的规划（图17）本着以水来聚"灵气"的原则，分别布置在上述四个节点区域，一来水景可以丰富最终的景观效果，二来静水的蜿蜒曲折有助于人修身养性。

3.4.2 景观格局

规划后的片区，主要有以下几个格局（图18）：

（1）蓝溪江河水廊。安溪享有灵山、秀水、林木遍布的美誉，水自然就成为一大特色景观，将之布局在城市人文景观区域，将自然与人文结合起来，是中国传统文化中"天人合一"哲学思想的具体体现。

（2）景观通廊。其作用是有效地将每部分联系起来，使整个片区形成一个条理的景观体系，解决之前在研究过程中发现的该地区未形成旅游网络，每个旅游项目之间缺少联系的问题。

（3）城市人文景观节点。安溪地区，茗茶恬淡，"茶文化"不仅在当地，在中国每个地区都享有盛誉，该片区重点挖掘安溪地带自由的特色地域文化，起到弘扬、传播地域文化的作用。

（4）自然景观节点。此规划项目旨在营造"田园"主题的生态静养茶谷，所以此片区重点挖掘当地本有的自然资源，以"生态"为原则，规划为手段将之有效保护起来，并且还起到营造天然自然景观的作用。中国传统文化中，对于景观之美，形容起来无外乎八个字："虽由人作，宛若天开"，而此处，人为的因素尽量减少，维持原生态的状况，其美感想必

图18 景观格局

而知。

（5）周边自然山体景观屏障。中国园林的造园之法中讲究"借景"，追求一种视野放大后仍然贴近自然的美感，而在该地区，这些都是天然的自然资源，规划中旨在有效运用这些区域内原有的资源，将区域内的景观最大限度地丰富和拓展。

3.4.3 旅游策略

综上规划方案所述，制定的旅游策略必然是以这几个片区为重点，通过景观通廊、道路系统的布局等形成两条旅游轴线——滨水商业旅游轴线、自然生态旅游轴线。除此之外，这两条轴线上将串联着不同主题的旅游服务区域，一来有条理，游人不会有杂乱无章、无所适从的感觉；二来也方便旅游区域内的管理，使后期维护工作可以有条不紊地进行。

滨水商业旅游轴线将滨水茶园酒店、茶文化旅游购物、旅游商业小镇、门户商业中心联系起来；自然生态旅游轴线将中央公园、茶韵静养中心、采茶制茶体验园、茶园高尔夫球场、山林主题公园、民俗文化旅游联系起来。

4. 结语

安溪地区历史悠久，无论是文化、经济形态还是社会形态都是发展已久的。城市规划的目的是为了改善城市功能不完备的地方，但是不能影响城市的发展脉络，不能以质变的形式改变原住居民的生活习惯。除此之外，拥

有悠久历史的地方，往往都是文化味儿十足的地方，失去了这些文化特性，是对这个城市生命力的抹杀。类似于这样的旧改项目，有机更新理论的应用可以概括为：两个方向，一个统一。两个方向即时间上的纵向联系和空间上的横向融合，这样才能做到文脉的续接和城镇与大环境协调发展的目的；一个统一即指制度的更新和城镇风貌的更新要统一起来，切不可顾此失彼。

旅游小镇规划的成功与否在很大程度上取决于是否找到了自己的定位，是否具备了独一无二的、源于场地最深层次的文化内涵和历史底蕴。有机更新理论无疑在解决这种问题上是有实际效用的，而且可以很好地指导实践，不会偏离方向。

文脉的延续和保护不但与经济发展不冲突，反而是"水"到"渠"成。安溪项目便是这样一个很好的代表——独特的茶文化被理智而且有规划地开发出来，用环境上友好、经济上可持续发展的手法，为当地人带来了效益，也为外来人提供了非凡的茶文化体验和身心上的休闲。

对于旅游小镇而言，规划之余重要的还有发展与运营模式。硬件上完善的配套设施、规划合理的功能分区和土地以及对地方特色与原始风貌的突出，软件上的服务与营销活动的推进，都是小镇能否长期稳定发展的重要保证。安溪项目不仅仅是一个单纯的规划项目，还是一个基于时间轴和产业轴上的策划，一系列的附属旅游产业、产品开发都给当地文化做了到位的推广和附加值的提升。

前沿理论与最新实践　Frontier Theories and Latest Practices

The Development and Planning of Tourism Attractions in the "New Ancient Town" of China

论中国"新古镇"旅游产品的开发与规划

文 / 李关平 邓李娜

【摘 要】

本文以古镇旅游概念和特点的解析和重构作为切入点，提出随着时代需求变化的古镇自身发展的跃迁，以芙蓉古城、彝人古镇、长寿古镇和滦州古城为代表的"新古镇"旅游，将有可能成为古镇旅游发展的新动力和新趋势。文章对"新古镇"的特点和发展态势进行了总结和前瞻性研判，并立足于规划咨询业的角度，对新型古镇的规划技术进行了初步探析。

【关键词】

古镇旅游；新古镇；旅游规划

【作者简介】

李关平　　大地风景国际咨询集团合伙人；大地风景旅游景观规划院项目总监

邓李娜　　大地风景国际咨询集团；项目经理

图片来源：同里古镇官网　　　　　　　　　图1 江苏同里新江南

1. 探索与争议中的中国古镇旅游

任何概念都是相对的。概念是一定时代为指征某一类事物而赋予的一个具有鲜明时代内涵的一个特定名词；随着时代的变迁，往往新的内涵又被组织进原有的概念体系当中，以保证原有概念对时代的适应能力和阐释能力。古镇的概念也与其他很多的概念一样，充满了这种时代变迁性。

立足相关梳理和研究可以看到，国内外的文献中大量地出现历史城镇、传统聚落、古村落、古镇、ancient town\village、old town\village、history town\village等相关的名词。在这里，我们不想去评论这些概念的界定、内容、分类及适用范围，而是立足这样一些讨论来梳理这些概念的共性特征及其价值。古镇是介于城市与乡村之间的人类聚落，它依托特定的环境氛围，保留并传承着一定地域的独特性和民俗特色，是历史的积淀，也是传统的延续。古镇原汁原味、古老纯朴的异文化生存环境和古镇居民闲适恬淡的生活方式和状态，对身处"樊笼"的都市人，具有特定的吸引力，其文化的传承性，特别是与现代文明隔离所保留的传统环境迎合了现代人回归本原的心态和理想[1]。

与传统古镇因"古"而兴"游"不同的是，一些新兴古镇则是因"游"而创"古"，它们都是应旅游发展的时代机遇而生。

芙蓉古城、彝人古镇、长寿古镇和滦州古城等新兴古镇旅游产品的出现，在很大程度上颠覆了人们对古镇概念的传统认识，以"古镇"之名，行旅游地产之实，往往是这类新兴古镇的共同追求，这也成为它们为人所诟病争议的地方，其共同特征主要表现在：一是创造的历史，这类古镇的历史只能从古镇建成之日算起；二是构造的形态，这类古镇根据开发需要将相关重要元素或基因进行复制或移植而来；三是叠加的功能，这些古镇应旅游、房地产、影视、文化产业等发展需求而生；四是现代的业态，这些古镇的开发往往借旅游或文化传承之名而植入了丰富多样的现代业态。这类镇的出现，因为他们既依托了原有古镇的历史文脉，又不受传统古镇文物保护单位的开发限制，还占据了城市发展与文化复兴之机，从而在发展形式上更加灵活、业态构建上更加全面、文化表现上更具生命力。

在这类新兴古镇产品开发的冲击下，对什么是古镇，芙蓉古城、彝人古镇、长寿古镇和滦州古城等能否称之为古镇，不同的人往往存在不同的认识，这也导致了人们视之为"假古董"的各种批判。其实，我们今天视之为"历史文化古镇"的这些文化遗产，无论是江南的周庄、乌镇、同里等古镇，还是四川的洛带、平乐、黄龙溪等古镇，它们在几百年前建设之初，也是在模仿其他古镇的基础上进行了对接时代或个性需求的创新发展，从而形成了它们今天展示给我们的丰富古镇文化内涵和特色。只不过，不同时代的建造驱动力不同而已，为旅游而造古镇本身，与以前的为炫富或藏富而造古镇相比，并没有什么可厚非之处。

如果我们报以更为开放的心态，这些仿古旅游小镇的出现，对于中国古镇文化的传承和创新也许更为积极的意义。只要是以恢复历史文化、打造未来文化遗产为己任，真正把这类新兴古镇做成精品，就应该是崇高而伟大的。

2. "新古镇"的文化内涵突破

我国古镇旅游发展经过了以下几个阶段：第一阶段，20世纪80~90年代，以江南六大古镇及山西平遥古镇的开发领衔古镇观光游为显著特征，大多距离城市较近。第二阶段，20世纪90年代中期开始，以江西婺源、湘西凤凰、云南丽江为代表的休闲度假旅游发展路线为显著特征，开始主题化转型。第三阶段，到了2000年后，以江南的千灯、川西的洛带、黄龙溪为代表，第三代古镇开始崛起，他们都是古镇集群发展的产物，并融入商业休闲功能[2]。

为此，古镇旅游的开发大致经历了"自然观光旅游"——"主题化休闲旅游"——"古镇集群化综合旅游"三大发展历程。以此为基础线索，我们有理由相信，一种充满探索精神且极富争议的"新古镇"旅游产品也已应运而生。如果说前三代古镇都停留在就古镇做古镇的层面，"新古镇"开发则走了文化主题地产的路径，它们从根本上突破了传统古镇的空间局限，集中呈现明确的旅居一体的功能形态。可以看到，新一轮的以对接现代消费市场需求、融合城镇产业空间更新、文化产业复苏发展为特征的文化主题地产型古镇正逐步兴起。

彝人古镇开发由楚雄汇通房地产开发有限公司始于2005年启动，项目位于云南楚雄市经济技术开发区永安大道以北、太阳历公园以西、龙川江以东、楚大高速公路以南，完全是在新城里面打造一个全新古镇。项目占地约1740亩，总建筑面积100万m²，总投资25亿元，集商业、居住和文化旅游为一体，是可旅游、可商住、可经营、可买可卖、可赚钱的文化旅游地产项目。彝人古镇是以古建筑为平台、彝文化为"灵魂"的大型文化旅游地产项目。在彝人古镇开发成功之后，汇通房地产开发有限公司又先后介入投资开发重庆长寿古镇、唐山滦州古城和大姚石羊古镇，大有将文化主题地产型古镇向全国复制之势。

可以看到，传统意义上的古镇旅游，是以存在于中尺度地理空间上的古村落或古镇为景观对象，并以其在历史演进过程中遗留下来的民居、事象、艺术、环境、生产以及一种抽象的文化内涵、风格、古韵氛围为系统的人文旅游活动[3]。而"新古镇"旅游的出现，则以一种主动的姿态，对原有古镇历史遗产文化内涵进行自觉性延续的基础上，创造出一种新的旅游空间形态。

2.1 历史延续与文化复活

在工业化和城市化的双重逼推之下，历史城镇空间逐渐消失或被新的城镇建筑代替，历史古镇往往处于一种被动的保护与拯救角度当中，其价值因其易失而弥足珍贵。新兴古镇则没有这种毁灭的悲壮感，而以一种非常自觉的现代文化心态，对历史空间载体进行创造性的解构和重构，它是对其历史文化的强势复兴，也能更好地将古镇的历史空间和生活方式得以时代化的传承和展示。

2.2 原真保护与创造转化

历史古镇面临开发与保护的矛盾主要是古镇的原真性保存于现代化、商业化开发之间的博弈。中国土木建筑结构的特点使得古镇建筑的存续相对较难，在旅游开发中，对古镇的盲目改建和商业化开发，使得某些古镇失去历史原貌。而新兴古镇基本不受制于保护有形载体的两难选择，而把自身的关注力放在传统文化精神和无形的非物质文化遗产活化上。

3. "新古镇"旅游兴起的背景

随着休闲度假旅游、文化体验旅游的兴起，古镇旅游的历史价值得到激活。古镇以其独特的建筑风貌、丰富的历史文化遗迹、深厚的人文内涵以及特有的古朴环境氛围受到了人们的青睐，成为旅游市场中的一支新生力量[4]，另外，那些具有区位优势条件的古镇，又为古镇旅游提供了客源，使古镇旅游开发、发展成为可能，古镇逐渐成为人心向往之新兴旅游目的地。

以彝人古镇为代表的文化主题地产型古镇的出现，是中国新城开发创新、古镇开发创新、主题公园开发创新和地产开发创新等共同需求交汇的结果。

3.1 新城开发创新

一座城市应该有自己的根和魂，有自己的特色和吸引力，有鲜明的城市形象。目前国内的新城建设，虽然在规划层面都极为强调传统文脉的延续与发扬，但往往停留于"龙"、"凤"、"中轴线"等近乎虚无的空间意象抽象和一些点缀性的传统文化雕塑符号，要么再增加一些建筑文化概念造型化、视觉化的景观建筑。新城开发不能只停留于一种"有文无气"的文化躯壳包装，更需要建设一批有人的栖居、徜徉、体验的文化活动空间、文化消费空间、文化娱乐空间。新城开发如何避免千城一面，文化主题地产型古镇，在某种程度上呼应了这类城市文脉延续、以旅游为导向实现城市土地综合发展的多元需求。

3.2 历史古镇创新

从历史古镇本身来看，产业衰退、人口流失、资源损坏、文化消散等问题重重，新兴古镇摘掉了保护的紧箍咒，可以根据地形条件进行充分创意，同时又有很多土地指标开发优势，往往比较符合社会资本的进入，从而推动古镇以一种更为市场化、商业化和消费化的形态进行开发。这类古镇开发，往往以恢复城市记忆为主题，在引入传统古镇自然景观、原始纯朴的人居生态环境的同时，通过打造主题式消费情境，开启休闲时代的生活新方式，从而找到历史文化古镇与现代商业成功结合的经营模式。

3.3 主题公园创新

"主题公园+小镇"，是主题公园将主题娱乐与主题商业进行结合开发的有效形式，几乎每个主题公园都会配套商业小镇或度假小镇，如华侨城的因特拉根小镇等。当主题公园将题材越来越转向中国历史与传统文化时，配套的商业街区或小镇也越来越多地取自于中国古镇文化。中国最早的主题小镇大多来源于影视基地这一类主题公园形式，随着主题公园本身的深化发展，在影视功能的基础上，如何增加和丰富小镇的娱乐功能、商业功能和休闲度假功能，激活业态拓展，将成为这一类小镇发展亟待解决的问题。

3.4 地产开发创新

从地产本身来讲，文化地产开发，也将投资眼光投向古镇，这似乎慢慢地形成了一种潮流。如新沧浪房产在2006年推出的同里新江南，以古典园林别墅为代表的苏州留园姑苏人家，以传统风貌商市为代表的同里老街新江南等。从新城开发、古镇创新、主题公园和地产等角度看，大家都将眼光放在古镇开发上，复古小镇为现代创新提供了资

图2 云南楚雄彝人古镇

图片来源：乌镇旅游股份有限公司

本、原料和市场，有可能会形成一种有时代创新价值的范本，比单纯依托一个历史古镇开发更有开发空间和余地。

4."新古镇"旅游的新动向及特点

"新古镇"，已经突破依托原有历史遗传和保护开发的基本模式，而拥有更多样的开发形式和特点，主要表现如下。

4.1 依托新城而生

传统历史古镇因受到文物保护和空间场地等方面的制约条件，它的发展不可能以古镇的形态无限扩散，必然要求在客观上突破形成新的多元选择。在这种背景下，以新城发展为背景的古镇开发应运而生，如彝人古镇、长寿古镇几乎都处于新城发展区。"新古镇"的开发，部分承担了城市功能和人口的转移作用，集中呈现出一种明确的旅居一体的功能形态。

4.2 以地产为主导

在中国房地产业整体转型的大背景下，如何依托古镇开发旅游地产，也成为中国古镇开发不可避免的潮流。可以说，旅游地产尤其是商业地产、度假地产的兴起，是古镇旅游发展的一个新动力。而新四代古镇的开发，大多将旅游区域开发与文化复兴、城市经营进行了有效结合，在某种程度上说，"新古镇"开发，实质上是以旅游产业为主导产业的小城镇建设。

4.3 商业功能齐全

传统的古镇商业开发主要依附于旅游产业，大多数采用的是"住宿+餐饮+景点"的操作模式，功能配套相对单一；而"新古镇"开发则更加强调商业功能，它们大多依托城镇产业发展，融合旅游功能，旅居一体化，商业配套功能更为齐全，商业模式也更多采用城市商业开发运作。

4.4 资本操作性强

资本介入是推高中国古镇开发的重要因素。与传统古镇开发与资本之间的暧昧博弈关系相比，"新古镇"的开发则完全投入了资本的怀抱，它们的开发成功与否，很大程度上依赖以资本为核心的整体策划能力、设计能力、运作能力和推广能力的充分整合。由于这类古镇开发收益点更为多元化，相对投资风险较低，可操作性的政策及吸引多种资本进入旅游开发也相对容易。

4.5 现代技术和材料的融入

与传统古镇强调修旧如旧相比，"新古镇"的开发更多强调现代技术和材料的综合运用。在这方面，如何更好地协调传统古建文化与现代建筑技术，寻求传统文化与现代技术的结合点，将优秀的传统文化融会到现代建筑技术之中，成为这类古镇开发的重要任务，这也使中国古镇开发具有了更大的创新空间。

4.6 多元文化的植入

新兴古镇发展运营中，艺术、商业、生态和外来文化更多地植入进来，创意的成分越来越多。以现代需求为核心去活化历史，激活文化，这是以一种积极的姿态激活传统文化，并为中国传统文化的现代性转化积累有效的经验。

图3 乌镇定升桥夜景

5."新古镇"旅游规划技术的思考

"新古镇"开发是规划咨询业面临的新的课题，因此，有必要从规划技术角度，突破传统古镇规划的一些范畴和方法，对其进行全新梳理：首先，在规划理念层面，实现传统与现代对接，旅游与商业共振，文化与资本共舞；其次，本着创造未来遗产的理念，高起点、精品化规划古镇；第三，全面统筹城市开发、地产开发、文化传承和商业开发等的关系；第四，在具体的技巧上，注重四态的融入，即导入文态，包装生态，创意形态，激活业态。

5.1 导入肌理

肌理是古镇区别于其他建筑群落形式的一种文化DNA。任何古镇的开发首先要解决的都是古镇肌理问题。有了独特的古镇肌理，才能有效地将生活空间、精神空间、娱乐空间等软性空间进行有效的植入或叠加。在城市化的驱动力下，城市空间拓展要求进一步拓展原来的城市范围，城市文化复兴也要求将传统的历史文化更多地通过创造性空间再现得以激活。

"新古镇"旅游具有主题软化物质空间、融通各产业链、平衡各分区功能的天然优势，可进一步协调产业空间、公共空间、私密空间之间的比例，提升城市空间的形态多样性。

5.2 融入文理

本土文化延续与传承是"新古镇"开发的灵魂所在。其建设与开发必须将文化建设提升到与经济发展同样的高度，文化建设与经济发展相辅相成。建筑和空间可以在形质上是新的，但要有传统的内涵，有传统的文脉延伸，有传统的精神气质，要通过纳故于新、推陈出新、返旧开新等手段，延续城市空间肌理，现代演绎传统艺术，传统元素符号景观化，打造新文化形态、新文化生活、新文化景观，形成"新古镇"特有的新个性魅力。

5.3 创意生态

生态既是古镇肌理的一部分，也是可以通过创意设计以提升现代"新古镇"生机和品质的重要手段。从园林小镇到田园小镇，虽然生态概念层出不穷，但大多数古镇的生态还是一种景观性的生态，是一种有附着感的生态，而古镇与生

态并没有完全融为一体。"新古镇"的生态建设，不仅仅是指古镇的环境绿化，更多需要通过旅游功能的引入来激活古镇生态的价值兑现，将多彩、快乐和健康等积极元素注入古镇的发展理念中，使古镇建设在视觉上是多彩的，在精神上是快乐的，在品质上是健康的。打造多彩生态、快乐生态和健康生态。

5.4 植入业态

古镇人气的高低取决于在古镇吸引力基础上的丰富业态支撑。"新古镇"开发不仅仅要考虑到旅游产业发展，同时还要注重城市经营层面的管理与提升。在大力发展旅游、休闲和度假等基本功能业态的同时，需要不断深化发展节事、消费、购物、娱乐和体验等新兴业态，提升古镇消费功能业态的地方文化魅力。通过业态尤其是"夜态"内容的丰富，打造古镇吸引力，提升古镇人气。

参考文献：

[1]程志勇. 古镇旅游动机及旅游开发研究[D]. 重庆师范大学，2011.

[2]张述，胡科翔. 古镇文化与旅游的融合途径研究. 重庆师范大学学报（哲学社会科学版）[J]，2010(01).

[3]覃业银. 都市近郊特色古镇休闲旅游开发研究——以长沙靖港古镇为例. 经济地理[J]，2011（02）；

[4]王雪梅. 论古镇旅游资源的开发——以四川为例. 四川师范大学学报（社会科学版）[J]，2004(05)；

历史文化古镇　*Historical and Cultural Ancient Towns*

The Thinking and Practice of Protective Management and Operational Models for the Water Towns South of Yangtze River: A Case Study of the Historic Streets and Districts of Shaoxing, Wuzhen and Xitang

江南水乡遗产保护管理运作模式的实践与思考
——以绍兴、乌镇和西塘三地的历史街区为例

文/李浈

【摘　要】

江南水乡的古镇或历史文化名城中的相关历史街区，是中国建筑遗产的重要组成部分，21世纪以来在保护的实践中取得了较多的成果。本文试图从行政管理、运作方式和实施策略等几个方面，阐述具有代表性的三种模式，即绍兴模式、乌镇模式、西塘模式在实践中经历的认识发展、方式提升和措施的异同，分析概括其经验与得失，以期为后续的历史街区保护提供参考和借鉴。

【关键词】

历史街区；保护模式；借鉴

【作者简介】

李　浈　同济大学建筑与城市规划学院教授、博士生导师

雪景绍兴城（董建成 摄）

1. 关于"历史街区"的行政管理模式

手工业时代以前，城市街区的发展变化是缓慢的、渐进式的。一个街区往往体现了长久以来的历史传统，并表现出各个时代的烙印。建筑、街巷及其他构筑物作为生产生活的载体，往往表现出当地的政治体系与社会架构，反映出当时的社会生活。江南的古镇很好地体现了这一特点。现存的江南古镇，其建筑主体一般是明清时期形成。明清时期的中国乡村，实际上社会结构是一种"大家长制"或称"宗族制度"者，即"官府"并非主导的行政力量，真正起作用的是有实力有名望的乡绅，这些乡绅往往有较高的文化水平和眼光，村中要兴办公益、修路架桥、裁决纷争等，往往是"官府"与乡绅先行商议，倡导民众，筹划而定。这种行政模式也体现在街巷与建筑上。乡绅们的作用实际上是一种细致的，非常正面的作用。既不能因私害公，也不应该一味无私。江南小镇是自发性的，逐渐发展起来的，而在发展的过程中，又有乡绅这样一种力量温和细致地调和着公私两者的关系。

而今，随着时代的进步和历史的变迁，传统的行政管理模式业已无存，代之而起的是现代行政管理模式。因此，产生了管理者、使用者、从业人员等几个对历史街区关注的不同角度，并有了政府主导型和企业主导型等几类主要的管理和运作模式。本文所比较的绍兴、乌镇、西塘则都属这个范围。

2. 模式比较分析的可行性与意义

本文讨论的具体客体是历史街区，主要对象是一般性的历史建筑，它们有一定的规模，成片地分布，代表着街区的历史，承载着街区的文化，是不可再生的遗产资源。三地的规模略有不同。绍兴系地级市，已列入中国历史文化名城名录。《绍兴历史文化名城保护规划》将绍兴老城中历史街区划出五大片、两小片进行重点保护。乌镇、西塘的行政级别是镇（乡），本身历史上又是名副其实的古镇，也是完整的历史街区。在下文的讨论中，如无说明，直接用绍兴、乌镇、西塘等字眼指代三地的历史街区。

首先，就江南水乡的历史街区的特点而言，它们都是以水路作为以往的主要交通骨干，进而形成古城、古镇的空间结构的。它们的建筑类型也大致相同，一般都以居住类为主，辅以少量其他的公共性建筑，如商业、祠堂、戏庙、书院、园林等。建筑的色彩也有其独特的黛瓦粉墙形成的素雅精致的内在之美。居住其间的乡民，其生活模式也非常接近，因其有共同的文化背景。这些街区也都有一定规模的面积，形成了独特的氛围。从保存状况来看，有少部分品质较高的建筑，且以点状分布；更多的则是作为"底色"存在的大量历史建筑。

其次，产权归属情况来看，因为历史的原因，现存建筑都有一定的公房比例，而相当比例的房屋产权复杂。进行整治前，有些房屋或居住密度高、搭建严重，或年久失修、老旧将倾。某些路段则缺乏活力，日渐衰败。而且，街区人口的老龄化也十分严重。

再次，就行政的级别而言，绍兴处于一个较高的层次，其城市建设、古镇保护和旅

历史文化古镇 Historical and Cultural Ancient Towns

绍兴古城（李浈 供图）　　　　　　　　　　　　　　　　　　　　　　　　绍兴题扇桥河沿（董建成 摄）

游发展等，均为其面临的重要议题。此外，由于城市人口本身较多，旅游人流的相对比例也较少。从城市的产业结构来看，旅游也不是主要的支柱。而乌镇和西塘则不同，其主要的产业支柱为旅游，且旅游人流所占的比例相对较大。

还有，绍兴的历史街区散布在城中，是城市的重要组成部分。其中不少街区都与城市干道直接相连，生产流线和旅游流线交织在一起，交通问题复杂。乌镇和西塘则是近年开发的旅游型城镇，街区内居民日常生活一般采用步行的方式，旅游的交通往往对居民的生活造成较大的干扰。

街区中具体的房屋产权，具体的整饬方案中的经济问题，房屋的使用权等是这些历史街区能否良性发展的关键问题，而这往往与行政管理、运作模式有直接的关联。这三个地区，从不同角度反映了内地历史街区的现状，并且以不同的管理模式在改变着、发展着。其在某些方面高度的相似性，又为比较管理模式的优劣提供了可能，可为后来者作为参考。

3. 绍兴模式——上级政府主导下的"全民参与、立体保护"模式

绍兴地处长江三角洲南翼，浙江省中北部杭甬之间，市区面积339km²，人口64万。素有水乡、桥乡、酒乡、书法之乡、名士之乡的美誉，是蔡元培、鲁迅、周恩来的故乡，毛泽东称绍兴为"鉴湖越台名士乡"。

随着经济的高速发展，绍兴和国内外的其他古城一样，也面临着许多困惑：诸如如何处理保护文化的多样性与融入经济全球化的矛盾；如何处理保护古城与推进城市化的矛盾，如何处理保存古城风貌与改善居民生活环境的矛盾，等等。

3.1 历史文脉的延续

3.1.1 从故居到故里

鲁迅故居是绍兴古城保护的核心。1999年，绍兴开始编制鲁迅故居保护规划。随着认识的发展，后又将鲁迅故居的保护扩大成为鲁迅故里的保护，并进而保护整个历史街区。2002年10月，鲁迅故里保护工程启动，绍兴古城保护揭开了历史性的一页。恢复性建筑坚持用绍兴特有的材料和工艺。鲁迅故里一期工程修复共使用了旧石板25000m²，旧砖瓦300万张，旧石构件2500个，石方连4000m，旧木构件100m³。取得了较好的效果。

3.1.2 生活形态的延续

在历史街区的恢复性保护中，绍兴摈弃了过去那种拆平推倒重来的摧毁式修复模式，而是采取保护建设并重的修复模式。历史街区是复杂的有机体，有大量的历史信息遗存，修

复中既要尊重并保护好先人留下的历史文化遗产，还要满足当代人的生活需求。在古城保护中，除了因人口密度过高而外迁、疏散部分居民外，绝大多数居民都生活在老城区。同时，利用腾出的空间，改善居住环境，并增设了手工工场和商贸、文化等设施，主要经营绍兴传统的工艺品、地方名特产和酒店、茶楼，让人深切感受到这是活生生的、既有古城烙印又有时代气息的文化名城。经过这些努力，把古城的人文景观和自然景观两大优势叠加起来，达到了人义和自然的有机融合，从而彰显了绍兴"人文、生态、宜居"的特色。

3.2 从"文物大树"到"文物森林"

绍兴模式的基本特点主要体现在"点"、"线"、"面"相结合，从保护"文物大树"到营造"文物森林"，以恢复文物的原生态。点是100多处文保单位和文保点；线是城中的18条河道和84座桥梁构成的城市河道水系；面是7个历史街区（最近又新增一历史街区，为五大片、三小片）。绍兴历史街区的修复把一棵棵文物大树连成文物的森林。修复后的鲁迅故里、仓桥直街、八字桥、书圣故里、府东街、西小河等历史街区，粉墙黛瓦，竹丝台门、乌黑柱廊、棕色油漆为基调的绍兴传统民居和谐淡雅，江南历史文化古城的原生态气息扑面而来。

3.3 城市文化生态的修复

绍兴古城在采取点、线、面结合的保护物质空间方式的同时也保护古城的文化遗存。修复与文化遗存休戚相关的文化生态环境，这是一项综合性很强的系统工程，也是一项比之"点线面"保护更具挑战性的工作。文化生态的修复工作具体可关注以下几个方面：

一是风貌协调。围绕文物本体和历史街区的文化特征、建筑风貌，整饬和修饰周边环境，使之在总体风貌上达到和谐协调。具体操作层面，在建筑样式上，坚持以水乡固有的粉墙、黛瓦、坡屋顶以及临水面街的民居台门为主要风格；在建筑材质上以青砖、青瓦、青石板和灰浆的使用为主；在建筑色彩上以黑、灰、白为主色调。对不协调建筑物和有碍观瞻的破旧房屋，加以"旧包新"、"新加坡"式的立面和屋顶改造。对造成视觉污染的空中管线实施统一的"地埋式"等等。

二是为非物质文化延续提供"物化"平台。古城有丰富的水文化、酒文化、茶文化、戏曲文化、书法文化等民俗民间文化，传统的"三缸"、"五匠"、"锡半城"等手工业文化，以及钱庄、当铺、老字号商铺等商业文化，别具风采，闻名遐尔。在古城保护中，有意识、有计划地保留、恢复一批能体现上述民俗风情和传统文化的河埠、踏道、小桥、茶馆、酒楼、临河戏台、祠堂、寺庙、会馆、老字号商铺、传统手工业作坊以及各类民俗博物馆和风情园，为民俗风情提供展示的场所，为激活和传承非物质文化提供物质平台，以留住古城的根，保住古城的魂。

三是营造文化生态群落。串联各种重要文化遗存及其周围区域，并着力体现出区域内不同文化梯度布局和变化过渡，营造出若干个保存相对完好并有一定规模的历史文化区域，使之由原先的"文物大树"拓展成为"文化森林"；就目前可认知的具体可操作手段为依托于"线"的串联和风貌修复，构建起以水巷为主的街河走廊，实现不同文化生态群落之间通达开敞的空间廊道，把原先被现代化马路和楼群割裂成孤立、分散的历史街区和文化区域连为一体。这种以整体性理念为指导的古城保

绍兴卫星图（李湞 供图）

历史文化古镇 Historical and Cultural Ancient Towns

乌镇东栅（李浈 供图）

乌镇西栅（李浈 供图）

4．乌镇模式——企业主导下的"有序运作、强力整合"模式

乌镇曾名乌墩和青墩，后合称乌青镇，又简称乌镇。它的地理位置非常优越，正好位于杭州和上海之间，是京杭运河边著名的古镇之一，唐时就有建置。

1999年3月，乌镇首次进入保护古镇遗产程序，面对纵横交叉、到处林立的电力线、电视线和通信电缆，以及街面上横七竖八的自来水管、下水道、污水管道等，毅然作出了尊重历史、还其古镇原貌的决定，因此，在老街上开展了一场"管线地埋"的革命。乌镇实施污水、雨水分开收集的保护环境保护经验，被联合国称之为"乌镇模式"的"8管12线"的管线地埋系统，在今年上海世博会上未来探索馆内的"乌镇展厅"展示。

1999年以来古镇保护和旅游开发工程，具体实施了遗迹保护工程、文化保护工程、环境保护工程等"三大工程"，在全国古镇、古城保护中，乌镇首创了和成功运作了"管线地埋"、"改厕工程"、"清淤工程"、"泛光工程"、"智能化管理"等保护与实施模式。

在管理和运作方面，乌镇采取的是把古镇交给某个机构打理的方法。最早由嘉兴桐乡市政府组织成立乌镇古镇保护管理委员会和乌镇旅游开发有限公司，全权负责古镇的保护管理和运作。作为由地方政府和机构组建的集体企业，乌镇旅游开发公司独家享有乌镇景区的保护、管理权力，董事长陈向宏同时还是嘉兴桐乡市的市长助理、桐乡旅游局的局长、桐乡古镇保护管理委员会的主任以及乌镇的镇党委书记。特殊的地位和权力，使得旅游公司在处理居民自发经商这类在别的地方可能会很麻烦的问题时显得轻而易举[1]。2005年以后，由于在二期的保护开发中资金运作困难，由中青旅集团注资改组，乌镇的经营权全部由中青旅公司控股，并实现了股市上市。总体来看，其1999年一期（东栅）的投资不足1亿元，而2006年二期（西栅）的投资则超过23亿元以上。

护，不计较一时一地的得失，追求的是城市的整体文化价值和可持续发展，以实现全城保护的目的。

绍兴的古城保护规划，围绕"名人故里、碧水绕城、粉墙黛瓦、古桥连绵"的古城风貌，实施"重点保护、合理保留、局部改造、整体改善"的原则。近5年，绍兴投入10多亿元，保护修缮了仓桥直街、书圣故里、鲁迅故里等五大片历史街区，保护历史遗存，恢复传统民居，再现古城风貌。除了"点"的保护，还向"线"和"面"上拓展，保护历史街区、古城格局、传统风貌，进而到"全城保护"，使得城市整体风貌浑然一体。

作为国家历史文化保护名城，绍兴在保护实践中创造了自己的经验：历史建筑原汁原味，周边构筑风貌协调；政府主导下吸引公众参与，调动市民的积极性，保持历史街区内市民生活原生态的延续，以延续文脉；不单纯以赢利性旅游为目的，探索保护与利用相和谐的途径。

这种开发模式一般需要异地建立新的居住区安置居民。而在这方面，乌镇采取的模式可能具有一定的借鉴价值。当事人陈向宏先生总结乌镇模式主要包含了两层内容：第一是坚持科学保护与合理开发相结合的理念。乌镇一开始并不是在做旅游，而是在做保护，在科学保护的前提下，合理开发，只有把两者有效地结合起来，才能保持老街、老房子的原真性。第二是政府主导的市场化运行方式，对旅游功能加以规划，确保"整体规划、分步实施、一次推出"，避免出现"边规划、边旅游、边保护"的陋习。

科学的保护与合理的开发很大程度上促成了乌镇的成功，但更重要的是，乌镇不仅没有异地安置原有居民，相反的，对老百姓的生活形态进行了保护，对所有管线进行地埋，安装抽水马桶，在不改变外观风貌的前提下，允许老街居民对房子的内部结构作适当的改造，让百姓行使享受现代文明的权利。

通过严格的规划，乌镇成功避免了可能的商业气息过浓而湮没水乡的文化气息与韵味的情况。

乌镇之所以成功，还在于其对于风貌性与社区性的并重，在保护原有风格的同时，改善保留了原有的街区生活形态，做到了改善与保护并举。其管理方面自始至终以乌镇旅游开发公司为主导。乌镇景区分为东栅和西栅两个部分。以客栈为例，东栅景区原有自发式的民居客栈，但是随着西栅景区的开发，东栅不再允许居民开客栈。政府对居民接待游客采取规范管理，惩罚措施比较严厉，因而乌镇的民居客栈已经集中于西栅。西栅景区是在统一规划下发展起来的。其民居客栈经历了以下的发展历程：自发式的接待外来游客——政府统一规划，在西栅外建立新居住区——旅游开发公司将民居全部买下，居民迁至新区居住——居民申请返回原来的客栈（也可能原来不是客栈），为游客提供住宿与餐饮服务。这样，民居客栈便出现了所有权与经营权相分离的状况。乌镇旅游开发公司拥有民居客栈的所有权，对原有民居进行全面的改造，选择"具备条件"的居民提供相关服务，并对客栈作整体的宣传。而乌镇本地居民（只是其中的一部分），则行使客栈的经营权，由于西栅的所有民居客栈采取统一的管理（包括预订、入住等），因而更确切地说，乌镇居民只是拥有客栈经营权的一小部分。居民在为顾客提供住宿服务的同时提供餐饮服务，客栈住宿的收益归旅游开发公司所有，而餐饮收入则归居民经营所得。因此，乌镇民居客栈的管理属于企业组织内部的经营管理，具有高度统一与集中的特点。乌镇旅游开发公司对景

图片来源：乌镇旅游股份有限公司

俯瞰乌镇

历史文化古镇　Historical and Cultural Ancient Towns

图片来源：乌镇旅游股份有限公司

乌镇西栅日景

区的民居客栈进行统一化的设计与管理，以迎合城市度假旅游者的需要，这在一定程度上改变了民居客栈参差不齐的状况，有利于民居客栈集群式发展，乌镇西栅景区的民居也在实行统一化管理后开始显现出生机[2]。

5. 西塘模式——基层政府主导下的"顺势而为、自力更生"模式

西塘位于浙江省嘉兴市嘉善县，江、浙、沪三地交接处，占地面积1km²。它是一座已有千年历史文化的古镇。早在春秋战国时期就是吴越两国的相交之地，故有"吴根越角"和"越角人家"之称，在唐、宋时期就已形成村镇，到了元、明朝时，西塘凭借鱼米之乡，丝绸之府的经济基础和水道之便，发展成一座繁华、富庶的大集镇，窑业、米市、食品、制陶业等行业日益兴旺。

古镇区9条河道纵横交织，将古镇分为8个区块，在其中有27座古桥将市镇连通。西塘坐落在水网之中，这里的居民惜土如金，无论是商号或是民居、馆舍，在建造时对面积都寸寸计较，房屋之间的空距压缩到最小范围，由此形成了120多条长长的、深而窄的弄堂，长的超过百米，窄的不到1米，形成了多处"一线天"。与此同时，街道弄堂的名称均形象地体现出古镇商贸的繁荣和弄堂的特色，如米行埭、灯烛街、油车弄、柴炭弄、石皮弄等数十个称号与当年的商贸、建筑等都有直接的联系。

西塘与其他水乡古镇最大的不同在于古镇中临河的街道都有廊棚，总长近千米，就像颐和园的长廊一样。这里的街道临河而建，商铺的生意就在河边做成。往昔，水乡农家的出行以河为道，以舟代步，许多交易只能在船上岸边进行，为此，一种连接河道与店铺又可遮阳避雨的特殊建筑———廊棚便应运而生，并代代传承，相沿成习。实用的廊棚是水乡特有的建筑，西塘至今保存着1300多米长的廊棚。

由于当初西塘的通行以水路为主，外来骚扰较少，故能使西塘较完美地将古镇保留至今，使得祖先的遗产能延续下去。

西塘管理提出了"在保护中开发，在开发中保护"的保护理念，西塘分设古镇区与新区。在古镇区以"保护为主，开发为辅"，新区则以"开发为主，保护为辅"。西塘古镇提出了四个保护观点：合理追求GDP，保护文化DNA；继承传统，融合现代；灵活平衡，和谐发展；尊重百姓生活，弘扬人文精神。西塘文化是在传承传统文化和融合现代元素的过程中逐渐形成的。

仍然以民居客栈为例。西塘的民居客栈是随着西塘旅游的发展、住宿游客的增多，由居民自发筹建的。西塘居民在民居客栈管理中处于绝对主导地位，政府的管理相对是空缺的。由于西

塘民居客栈的消防与安全不能达到住宿业标准，所以西塘镇政府并不批准民居客栈的申办。西塘景区管理委员会怀红霞主任表示，"西塘景区内原则上是不允许开居客栈的，这是出于保护古镇的需要，这也是为游客着想……游客可以到景区外面的宾馆、社会旅馆住。"但事实上，由于西塘作为"生活着的千年古镇"，居民住宅全部在景区内，景区外的宾馆、旅馆无法满足广大游客的需要，因而景区的民居客栈有较广的客源基础，成为西塘旅游住宿接待业的主力。虽然西塘的120多家民居客栈都是"非法无照经营"的，但是政府并未对其采取管制措施，实际上是默认了民居客栈的存在。当然，政府对西塘民居客栈并非完全自由放任，西塘景区管理委员会下设"安全保障部"，是旅游部门与公安部门合作的结果，安全保障部定期对民居客栈进行安全检查，并组织居民进行消防安全学习。在民居客栈的微观运营上，西塘民居客栈与同里民居客栈相似，不同的是，西塘的民居客栈发展相对成熟，已经出现了以"姚宅"、"廊桥梦"等为代表的连锁经营品牌，这在所有江南古镇中也是比较少见的。市场主导下的西塘民居客栈发展已较为成熟，但其合法地位却未得到承认。西塘民居客栈松散的管理体系虽然在成长初期给了其自由发展的空间，但在行业成长到一定程度，管理规范对于客栈的竞争、持续发展将变得重要。很显然，民居客栈由于其低廉价格和生活气息，在待外来游客、增强顾客体验、维护古镇景观等方面具有宾馆或星级饭店不可替代的作用，因而，西塘镇政府应改变目前的默认态度为支持态度，并对其加以规范管理，促使其规范发展，这也是维护旅游者利益的需要[3]。

6. 经验与得失

6.1 行政管理

三地模式中，乌镇是"企业主导型"者，政府的干预相对较小。特别是后期由中青旅控股后，政府部门基本丧失了话语权。由于它采取的是由公司统一开发的方式，规模大，周期长，投资多，经济问题始终是开发商考虑的头等大事。在开发过程中，没有充分尊重原居民的利益，这种模式是难以长久的，而且是有风险的。它的成功似乎仅是个案。过度的干预和人为的"策划"、"设计"对古镇的保护是不利的。这样的模式需要一个相对精明、能干且对保护遗产有激情、责任和能力的决策者才能胜任。

而西塘的管理模式是较少干预，多加引导，即本文中所指的"顺势而为、自力更生"。由于基层政府的管理人员多是本地干部，行政权的实施中多有人情的成分，一些严格的管理条例并未强制实施。我们从中可以看出政府的尴尬之处。如其在西街的商铺的经营中也可见一斑。在2002年通过的《西塘省级历史文化保护区保护规划》中，曾通过调查要求控制西街的店铺，以保持其宁静祥和的生活氛围。但近十年的运作中，西塘的商铺越来越多，且原来各有千秋的几条街，最终因过度商业化而趋近雷同。客栈也如此。但与乌镇相比，西塘的策略相对还是可取的。政府起的应当是引导和服务的作用。在历史街区的价值已经被公众注意到的时候，其潜在的经济价值就能够成为现实，政府应当充当服务者和调和者的角色。

绍兴模式的主导者是政府，由具体的管理委员会直接执行。由于投入的计划资金相对较为充足，且规划到位，设计细致，通过按部就班的纳入政府工作的范围，变成一种实事工程和民生工程，绍兴在中等规模级别的历史文化名城保护中创造了先例，并取得了成功。不仅取得了居民的支持，也形成了良好的口碑。但其模式对资金相对不太宽裕的基层政府来说，却是可望而不可即的一种理想。

6.2 运作方式

绍兴由于历史的原因，保留的街区相对较为完整，但街区外现代化成型，无法形成像山西平遥那样的全城保护方式。该模式的提出，无疑是解决类似绍兴这样的历史文化名城保护的最佳方式，即由点出发，经行直线发展，并形成一定的面的范围。如鲁迅故居所在街道，首先，重点保护鲁迅故居，使之成为重要景点；其次，向两向延伸建立保护街区；再次，多个这样的由景点产生的保护街区或者原本就为保护街区的线状保护建立出一个网格化的保护街区分布；最后，形成古城保护。

图片来源：乌镇旅游股份有限公司

乌镇西栅雪景

图片来源：乌镇旅游股份有限公司

正是这种方式，使得在绍兴，人们在感官上有着不同于像苏州这样的历史名城的感觉。可以说，绍兴市更像是一座小镇，步行街与步行街相距很短，游人在游览历史建筑、保护街区的同时，更容易融入一种古城的氛围中，遗忘掉绍兴这座现代化城市的"现代"气息。这种直观的感觉，正是由于保护模式中，全民参与的管理方式所带来的不可忽视的作用。这种管理模式，对于绍兴的人文气息也有着极其重要的帮助。相比山西平遥的保护方式，这里的人文感、历史感更注重感性上的建立，使人在去过绍兴之后能很快被这座城市的魅力所感染。

而乌镇和西塘，由于有着相对较为完整、集中的历史街区，且规模较绍兴较小，其运作方式有些不同。除有相对有序的分期保护与开发时序外，其工作的重点是街区的空间节点。通过重点历史环境整治，重点历史建筑（包括一些文物）的整治，一方面使点景点的品质和可观性提升，另一方面大大增加了历史街区总体的完整性，进而促成了古镇整体的保护。如乌镇的一期，通过修缮茅盾故居，重建修真观、翰林第、访卢阁，突出东栅中部节点形成历史街区中心；通过修缮财神湾、新建逢源双桥和南岸景观改造，完善了东栅的南岸景观层次，贯通了旅游观瞻动线；通过在历史建筑内部增加百床馆、兰印染坊、三白酒、丝蚕坊、婚俗馆等隶属当地的文化创意活动，提升趣味性，最终将东栅打造成一个以文化展示性和民俗参与性为主的历史街区。再如西塘，通过塘东街的整治，完善了古镇的整体性；通过长廊、拱桥的修复，打通了观

绍兴白莲塔

护相结合的总体框架[4]。以仓桥直街历史街区为例，其整饬原则是"重点保护、合理保留、局部改造、普遍改善"。整饬前街区内主要存在三个问题：

一是部分建筑质量不佳，居民生活环境质量不佳，居住及建筑密度过高。新中国成立后，该地区台门式及院落式住宅公有化，名属房管所辖下，大量外来居民迁入，居住人口激增。房管所缺乏必要的资金维修；老房子年久失修，住户为争取使用面积，分隔改造原有建筑，并且在天井内搭建临时用房，严重破坏了建筑的原有格局和风貌；由于缺乏历史文化名城和历史街区的保护意识，新建筑的色彩、体量与历史街区风貌不协调。二是公用设施严重短缺，缺少系统和完善的下水管。三是台门院落内卫生状况差[5]。

这是历史街区普遍存在的问题，而绍兴市政府对此采取的态度是把历史街区看做城市发展的财富，善加利用，还利于民众，还老风貌于街区。具体的行政管理措施如下：

（1）资金政策：在所有建设项目中，住户在房屋修缮、户内污水管放置两个项目上与政府共同出资，比例为政府55%，住户45%。住户应出资金由房屋实际产权人承担，私房在修缮前预付80元/m²，修缮后按实际结算。公房由房屋管理部门承担45%，修缮后适当提高房租，并鼓励住户购买公房。沿街营业房签订营业房修缮协议，其面积大小按现状分隔间确定，营业房修缮由住户自行出资，在保护修缮期间按280元/平方米收取保护修缮费用，并按面积和停业时间给予营业损失补助。住宅房标准修缮以外和室内修缮部分住户提出的要求由住户自行出资。

（2）签订保护协议。

（3）人口疏散政策。为降低人口居住密度，改善居住条件，根据历史街区的实际情况，政府拨出部分经济适用房指标，对人均使用面积8m²以下的住房特困户给予购买经济适用房指标，住户原住房由政府回购。另外，为疏散人口，鼓励住户实行货币化安置。政府以较高的价格对街区内的房屋进行收购，私房按"1400+房屋评估价"/m²（建筑面积）计价；公房按1560元/m²（使用面积）计价。仅此一项，政府出资352万元，回购住房2200 m²。通过保护改造，街区内20%左右人口疏散，同时改善了该区内居民的居住条件。

（4）回迁过渡政策。原则上要求居民在房屋修缮期间腾空。通过宣传动员，在实施保护前98%的住户进行了房屋腾空。为鼓励房屋腾空，制定有关腾空政策：政府补贴居民二次搬迁费、房屋周转费、电话及有线电视月租费以及腾空期间的水电费用等。

（5）拆违政策。为保持历史街区的风貌协调，历史街区范围内的违法建筑、临时建筑必须无条件自行拆除，不予补偿。对于少部分在沿街沿河及典型台门等重要风貌点线上已经申领了产权的搭建建筑，则采取面积交换或货币补偿等方法进行处理。

（6）历史街区的管理。历史街区保护改造工程竣工后，首要问题是做好历史街区的管理。在市政府的重视下，成立了历史街区保护管理办公室，作为历史街区保护管理的常设机构，负责对历史街区的保护与管理。住户回迁后，保护办对住房室内装修、空调的安装、雨篷、店面招牌安装等作出明确规定，必须经保护办批准后方可实施，以切实保护历史街区的历史风貌不受破坏[6]。

仓桥直街历史街区保护改造工程是绍兴市第一个采取政府、部门、个人共同出资方式进行统一保护改造的历史名城保护项目。概括地说，就是由政府出资，对于私房，帮助补偿一部分；对于公房，全额出资进行修缮。在整个修缮过程中，运用经济手段，充分调动起住户和商户的积极性，使他们自愿为街区的整治出力。在工作中，非常细致到位。设计人员和管理人员说："我们挨家挨户地去和他们谈，问他们希望怎么改造。有些人家里住人太多，房间太挤，他们说，把马桶安在楼梯下面吧，我们就把卫生间造在楼梯下面"[7]。

以上对改造过程中的管理模式作了详尽

赏流线，通过一些景点的修缮、整治和文化展示，带动了整体的历史体验，进而形成一个相对有品位的特色古镇。

6.3 实施策略

绍兴作为历史文化名城，采取了"点一线一面"结合的方式对文物古迹和历史街区进行了保护，即"点（200余处文物保护单位）、线（纵横交错的河道和小街小巷）、面（历史街区）"保护与古城格局、传统风貌保的引述。从中容易看出，绍兴把历史街区的保护完全作为改善城市生活的一项民生工程，市民的权益得到了尊重和保障。工作是细致深入的。这种模式避免了开发商模式对历史街区的完全破坏，保障了当地居民的利益，延续了街区的风貌，值得称道。实施后的七片历史街区大部分仍保留着原来的社区生活和建筑形态，生活的改善和房子的保护并行不悖。在整饬过程中，不少住户借此东风把房屋内部做了装修，这充分说明了住户并非没有积极性，而是需要政府细致的工作。

在仓桥直街案例中，街面上是商住混合的模式，闲步街上，感觉悠闲适意。虽然因为工程进度快的原因，有着这样那样的不足，但总的效果是良性的。其对保护最大的贡献有两点。一，是营造了一种良性的氛围。民众能够感受到，政府、街区、住户和历史建筑保护工作者是站在一条线上的。政府维修老房子，得益的是自己。生活质量得到提升，老房子也得到加固维修，街区的风貌得以延续。这样为本街区日后的发展开了一个好头，化解矛盾于未生之时，并为其他街区提供了样板。二，物质的街区和生产社会关系构成的街区都得到了保留。这样对街区的改变最小，但需要做的工作却非常多而繁琐。需要政府部门做大量的工作。政府做的是温和的动作，尽量少干扰到原来的街区生活，非常小心地降低人口的密度，提高居民的生活品质。如果用一句话来概括，这是一种输血式的模式。或者说政府的工作首先是为之前历史原因造成的高密度情况还债埋单。由于工作细致到位，产生了良好的效果。这种模式首先需要政府有充裕的财政保障和明确的服务意识以及对城市的热爱。当然历史建筑保护专家和经验丰富的工程师以及技术工人的支持是不可或缺的。

绍兴是一个佳例，但这种模式推广起来有相当的难度。第一，得以保留的历史城镇和街区常常是欠发达的地区，没有足够的财政支持。历史街区的经济价值是慢慢显现出来的，一开始是需要资金输入的。第二，绍兴模式中，政府的工作需要花费大把的人力物力和时间，而这一切并不能直接和政府的绩效考核挂钩。拍地给开发商是一种省事得多的办法，大部分的开发商都采用拆老房建新房的方式，瑞安地产的上海"新天地"模式并不多见，况且他们的做法也是拆九遗一。短时期内政府得到了财政收入，原住民的生活因拆迁也得到了提高，但长期的隐性损失被忽视了。城市的个性被抹杀；原住民迁到较偏远地区后，工作生活相对不便，而原地区开发后的收益他们是不能享受的；大面积的开发存在着风险。尽管如此，由于这样那样的原因，这仍旧是老街区开发中采用最多的方式。

绍兴模式的经济利益是慢慢显现出来的。现在人们看到的主要是社会价值和文化价值。"面"的经济价值主要体现在"点"和"线"上。如果失去了玉盘的衬托，珍珠也将黯然失色，而这往往是政府部门所看不到的。而在"面"中，也极有可能有"点"的产生。先给衰弱的肌体输血，是使其恢复健康的第一步。

对于传统江南水乡，绍兴、乌镇和西塘采取的管理模式是有同有异。绍兴和西塘政府都干预了历史街区的保护管理和经营运作，系"政府主导型"模式；而乌镇属"企业主导型"模式。绍兴采取的是输血的方式，乌镇则是经济杠杆的方式。这是由两地的实际情况决定的，并不能够因此责怪乌镇镇政府的做法。即使是政府，干预程度也有所不同，相对绍兴来讲，西塘政府则采取的是温和干预的做法。如果再把乌镇和西塘相比，西塘的做法是更长远之道。政府应当做的是化解矛盾，而不是制造矛盾。而且对于逐渐发展成形的江南小镇，统一的硬性规划——譬如某条街不准经商，某条街全部经商——只能破坏其原有的魅力。人的因素是历史街区得以发展的关键，处理好人与人、人与房子的关系，才是保护历史建筑的基础和最终目的。从运作模式来看，以家庭旅馆为例，三地采用的也是不同的方式。乌镇采用由公司统一开发的模式，旅馆缺少趣味。西塘则经营得较为成功，良性的市场竞争使得家庭旅馆进入良性模式。

7. 结语

总的来说，对历史街区的保护是一项政策性和技术性均很强的工作，在这一过程中，涉及人物与空间的重新分配与组织。而且这种保护不应只是针对现实，而要为整个街区未来的发展打下基础。这其中有两个原则需要遵守，第一是公平原则，就是利益的均衡化，保证街区修缮保护少遇到来自街区内部不同层次的居民的阻力。第二就是动力机制，为居民提供街区改造的内在动力。动力的成因是多方面的，最主要的是物质利益的因素，也可称为利益机制。由于修缮街区，对居民的生活影响很大，唯有提供一定的利益保障之后，才能使居民愿

图片来源：浙江西塘旅游文化发展有限公司提供

西塘古镇 1

图片来源：浙江西塘旅游文化发展有限公司提供

西塘古镇2

意对此付出努力，毕竟建筑的改造修复短期必然会使居住者的利益受损，居民只有意识到建筑改造对于自己是一种有利的事情，才可能去支持这种保护。第三是创新机制。这是历史街区改造的主要目的，也是街区得以生存和不断发展的保障。创新不是指完全摒弃过去的一切形式和内容，而是指在以往形式和内容的基础上进行改良和完善。

绍兴在修缮保护的过程中，在均衡及动力机制上，出台了一系列配套政策，首先是居民的生活水平和质量的提高，简单地说就是城市基础建设，相比其他诸如风格性修复、降低人口密度等措施，配套设施的跟进应该是首要解决的问题。在这基础上，才是降低人口密度。高密度的人口对于历史街区与建筑的使用寿命来说必然是不利的。在这一方面，绍兴市首先是鼓励部分原有居民外迁，并高价回购了原有的土地，其次，将搬迁住户腾空后的房屋提供给小面积居住者。

除此以外，为了调动居民参与建筑保护的积极性，以绍兴仓桥直街历史街区改造工程为例，其采用的是政府、部门共同出资的方式进行统一保护改造的历史名城保护项目。在住户房屋修缮以及户内污水管放置两个项目上，采取了居民与政府共同出资的方法，政府55%，住户45%，而且，政府与住户签订了保护协议，规定了产权人所必须履行的保护义务，从而与保护机构实施统一修缮改造工作。虽然很难说这种做法在其他地方能够全部展开进行，但其可行性还是值得肯定的。实践表明，如果在这个过程中，政府能够分担掉一半的费用，对于住户来说必然有一个强有力的刺激，而且这种各分担一半的做法就像一种协议，让居民自己在尽心的同时也更放心。

历史街区的改造与保护必然是一个很复杂的问题。从绍兴模式、乌镇模式再到西塘模式，其中都有我们值得借鉴的经验。这三地的做法各有利弊，而又是与政府的工作方法和当地的具体情况相关的。现在历史街区受到的关注越来越多，但消失得也越来越快。怎样探索到一种良性的可持续的发展模式，使人与建筑和谐共存，共同发展，仍是我们需要努力探索的问题。

参考文献

[1] 柴骥程，章苒. 乌镇保护产生波澜[J]，侨园，2003（02）.

[2] 李明龙. 景区民居客栈管理体系比较研究——以同里、乌镇、西塘、宏村古镇为例. 浙江旅游职业学院学报[J]，2008（01）

[3.] 同上.

[4] 汪浩. 历史街区中保护对象及保护方式的研究——以绍兴市新河弄历史街区保护规划为例[J]，规划师，2007（06）.

[5] 绍兴市历史街区保护管理办公室[J]，绍兴仓桥直街历史街区保护[J]，城市发展研究，2001,8（5）.

[6] 同上.

[7] 郑褚. 旧城改造的绍兴模式[J]，中国新闻周刊，2006-4-24.

历史文化古镇　Historical and Cultural Ancient Towns

From the "Living Ancient Town" to "Low Cost Promotion" and "Community Architect Upgrading Strategy": A Case Study of Shaoxing Historic Areas

从"活着的古城"到"小成本提升"与"社区建筑师制度"
——以绍兴为例看历史文化区域的保护与维护策略

文／王珏

【摘　要】

随着人们对历史文化区域保护和利用的理论研究和项目实践日益深入，以"活着的古城"为代表的保护更新方式，以历史的真实性、风貌的完整性、生活的延续性成为国际最为推崇的方式之一。但是，关于如何在统一规划改造后能继续有机更新并长期维持历史风貌的方法却很匮乏。本文以绍兴仓桥直街的保护为例，系统说明了"活着的古城"的更新方法，同时提出"小成本提升战略"与"社区建筑师制度"，作为历史街区建设完成后的管理维护策略，对活态的历史街区建设后的继续更新和风貌维系有一定的指导作用。

【关键词】

活着的古城；小成本提升；社区建筑师制度；历史街区；旧城更新；风貌维护；有机更新

【作者简介】

王　珏　北京大地风景旅游景观规划院副院长

本文图片由作者提供

图1 绍兴

近年来,随着整个社会对历史文化区域价值认识的逐步深入,许多地方都采取了不同的规划设计措施,对历史街区或古镇实行保护、更新,多数在修缮后赋予其特别的功能(多是商业用途或休闲旅游)。在各种类型的保护和利用中,有一种方式被具有理想主义或完美主义的学者和实践者所推崇,那就是"活着的古城"。

1. 让"老瓶"装"老酒"

"活着的古城",即在进行风貌保护的同时,还尽可能地让原来的居民搬回去住。当地居民传统而朴实的生活,让古朴的建筑和环境空间有了实实在在的内容,有如"老瓶装老酒",让时光酿造出来的味道更为醇厚,是国际上公认的自然而且原汁原味地体现地方历史人文性格的方法。

2. 留住原住民的困惑

让当地朴实的居民住在古朴的空间里,这个初衷原本是好的,但在我国的实践中却经常难以做到,或者表面上暂时做到了却仍难以持久。主要的问题在于:许多地方的历史街区和古城能够保留下来、没有被前面的城市化建设完全抹杀,其逃脱的原因多是由于当地经济不发达,无力加入到早期城市化的建设洪流中,所以侥幸保全;加上我国的一些特殊历史原因,使得几乎所有的历史街区和古城都面临着同样的问题:原本是一户居住的空间挤进了好多户人家,成为密不透风的大杂院。因此,居住在老建筑里的居民,忍受着基础设施的落后、房屋拥蹙狭小的种种问题,大多是无力购买其他房产的中低收入人群。要将这样高密度的低收入人群整体搬出去、对所有的房屋建筑进行统一的规划设计修缮、再让这些人来回购,从经济上看几乎是不可能的。因此,无论在理论还是实践上,能够实现整体风貌的同时留住原住民的,其方法并不多。很多现成的案例,都是搬迁了几乎所有居民,同时将改造完成的街区变成文化旅游商业的空间,从中收回成本。

但留住原住民的方式不是没有的。从操作来看比较实用的一种,是以获得联合国教科文组织亚太地区文化遗产保护优秀奖的、绍兴仓桥直街为代表的保护更新方法。

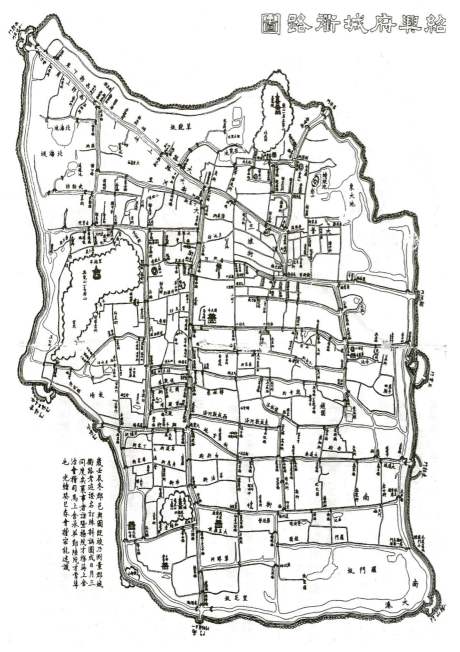

图2 绍兴府城衢路图

某公厕现状 | 通过小成本改造后可以呈现完全不同的效果

图3 花少量的钱对公共厕所标识、入口进行改造就能大幅度提升整体环境感受

局部栏杆破败 | 简单改造后效果

图4 对栏杆的改造不用太多花费，却能够给环境更为整体的效果

3. 绍兴仓桥直街——"活着的古城"的更新实践

仓桥直街历史街区位于绍兴城内越子城历史街区保护范围的东部，总长1.5km，占地6.4hm²，总建筑面积53892m²，有各式台门43个，居民858户。这里的民居多建于清末民初，街巷纵横，河道、民居、道路共同组成了典型的江南水乡城镇风貌。2001年，《绍兴历史文化名城保护规划》获得批准，绍兴市建设局成立了由规划、文管、房管和相关区政府参加的"绍兴历史街区与建筑保护办公室"，正式开展保护实施工作。

"将欲扬之，必先抑之；将欲取之，必先予之"。以仓桥直街为代表的绍兴古城的新生，给这里带来了游客量的增长和普遍好评。但旅游只是一个附带的外在结果。要真的做到"活着"，必须先有一个原则，这个原则，用绍兴自己的总结，就是："保护，从一开始就拒绝旅游概念"；"改造，是为了改善原住民生活"。若不是坚持这样纯粹的公心，仓桥直街恐怕又成了下一个商业化的周庄，哪里还能有联合国颁发的殊荣？

从决定修复起，仓桥直街的项目就不是为了收回投资或者赚钱而存在的。仓桥直街的改造共投资7000多万元，资金来源包含了"市、区财政专项拨款；市从旅游收益中提成拨款；房屋产权所有者投资；社会组织和个人的捐款；政府组织下的融资；房地产经营投资；其他依法可以筹措的资金等"，"但是无论哪方面，都没有把这条路当作摇钱树来经营，相反，并不鼓励商业。修复这条街只是为了提高居民的生活质量"；"在这条街上，没有与居民生活不相干的商店，一切因着居民生活的需要而开业或者倒闭，顺其自然。对于一些与街区风格不相符的商店，名城办的街区监

照片左面混乱地堆放了许多花盆，容易掉落，也不安全

用绿篱方式的变化建议

图5 加一道绿篱，为河道增添风景的同时也更为安全

空调室外机、店铺广告和不合适的蓝色遮阳篷

对空调室外机进行遮挡和局部调整后效果

图6 对空调、广告和不合适的遮阳篷的改造，能够还绍兴一个完整的古城感受

察大队还会加以阻止"。正是出于这样一种平民化的街区保护建设宗旨，使得生活与历史相得益彰。

有关部门建立了相关的保护工作方法和模式，包括："①提出不同产权的历史建筑的保护方法与模式；②建立调整居住人口与居住方式的模式；③探索建立历史建筑功能与性质更新的模式与方法"。在实际操作中，绍兴采取的是人口的适度疏散原则，先迁出了整个街区20%的人口，然后开始进行基础设施改造。各种管线埋设，基础设施尤其是将卫生排污设施想方设法引入家家户户，从根本上改善了居民的生活状况，让这条历史厚重的老街，有了承载当代生活的条件。

风貌保护是民居整治修缮需要达到的重点，而"风貌"本身意味着对一切眼前所见的，包括房屋建筑、道路、街景、古树、小桥、院墙、河道、驳岸等各因素的整体把握。为达到修旧如旧的目的，仓桥直街的建筑采用的是文物修缮的办法，一切旧的历史痕迹尽可能地保留、能够利用的旧料都利用上、采用相同的原料进行修补、新增的建筑或者更换了建筑构件的部位采用方法做旧，终于达到了这样的效果："烟雨蒙蒙中，踩着湿漉的青石板路，撑着伞走在仓桥直街上，人也恍如走进了百年前的历史"。

4."活着的古城"的困惑

从某种意义上看，绍兴古城的保护确实取得了比较成功的结果，在满足了居民的生活需要之外也产生了旅游方面的吸引力，算是一种额外的回报；但要巩固保护工作的成果、继续深化保护的工作，让这个"活着"的"古城"在面对当前社会变迁、居民生活需求提升时仍能不改旧貌，还是有许多工作要做的。

时隔几年之后，2008年，笔者以物质空间规划专家的身份参与了世界银行浙江城市环境项目——绍兴旅游发展规划项目，在整个旧城区与调查过程中不难发现：经过了时间的

历史文化古镇　Historical and Cultural Ancient Towns

在一个可以观赏"社戏"的文化角落，笔直的水岸缺乏参与感和亲切感

对驳岸进行调整，改造成为台阶，就能很好地完善这个室外的观演空间

图7 在城市广场边的水上戏台对面，将垂直的河岸改为台阶状，就能够创造出一片适合感受地方戏曲文化的空间

再次洗礼后，居民为了自身生活而对建筑进行的一些局部改造，产生了一些与古朴环境不协调的因素；而当年的基础设施，只是满足了人们当时迫切的生活需求，时至当时又已经无法满足更高水平的生活和日益增长的旅游休闲需求。因此，游客们在感受特殊的古城风韵的同时，也免不了对那些相对落后的基础设施和与古城风格不相融的许多细节摇头。

为此，我在规划中提出了"小成本提升战略"与"社区建筑师制度"。

5. "小成本提升战略"与"社区建筑师制度"

这里所说的"小成本提升战略"，适用于那些基本风貌保持相对较好，但某些基础设施、建筑细节和景观环境有待提升的地方。"小成本提升"是地方对历史环境进行持续管理和维护的方法，强调花少量的钱，对影响整体风貌的最关键因素加以提升改造或控制，在满足住户生活改善的同时，也能够满足发展旅游业所需的古城环境体验要求。

根据绍兴的状况看，很多的方面都值得采用小成本的提升战略，比如：旧城区公共厕所系统的提升改造。绍兴旧城中的公共厕所，经过若干年的使用，有少部分出现了给排水管道的问题，还有些木质材料都已破败，白色墙面也已显脏。因此，有必要定期对分散在各社区中的状况不佳的公共厕所进行统计，在原有基础上，采用简单的维修改造方式，优化厕所环境。小成本提升，不是为了去给厕所进行扩展，而是将在原有基础上，对厕所的内外墙面状况、排风状况和给排水系统进行重新优化或者翻新的过程，需要在原先有限的空间内将其更人性化地加以改造，不排除使用现代化的设施设备。

又如，河道边缘的绿化与亲水环境的小规模改善。绍兴已经对现有的许多河道边缘，包括栏杆、台阶等进行过改造。小规模改善更关注于对一些位于重要河道边缘的、存在安全隐患的、经过小规模改善就能取得很好视觉和感觉效果的区域加以提升。

再如，对不合适的建筑材料的替换。对一些重要街道和河道边的、与古城风貌无法协调的现代材料的替换。

事实上"小成本提升战略"是一种在低成本控制下促进城市进行有机更新的过程。它的施行需要人们对环境有细致的观察、并进行贴心地设计与思考。要做到这一点，需配套采用"社区建筑师"策略。

从功能来说，社区建筑师可以为社区内需要对房子进行整改的人提供更专业化的建议，在满足居住者需求的情况下，也能够使建筑物保持城市风貌的协调；社区建筑师作为"建筑物的家庭医生"，可以对一些质量较差的房子、风貌不协调的房子提出相关的修缮建议；作为社区重要的发展参与者，社区建筑师也可以对社区基础设施改造提出相关意见。这样，通过聘用一定数量的社区建筑师并且责任到人，就可以在古城区的发展过程中同时满足居住者和城市风貌保护的需求。

在绍兴这样居住人口密集的古城中，对自己的居住环境加以改善的需求是强烈而且多元化的。由居民自发产生的改造行为往往会因为居民自身的建筑知识、法律知识和对历史环境的忽视而造成一些不理想的结果。社区建筑师制度正是解决这一矛盾的最佳模式。

在操作方面，"社区建筑师"本身不是一个全职的工作概念，他们可以在地方政府或社区的聘用下工作，也可以结合志愿者公益活动的方式来进行。每个建筑师都会有各自服务的社区范围，他们将为各自负责范围内的家家户户提供专业的维修和建设工程咨询，也需要定时对自己服务的区域进行巡查，找出每个可能提高的细节来加以改善。社区建筑师将成为绍兴社区旅游发展和古城风貌保护中重要的支持力量，这正如原国际建协主席罗德·哈克尼（Rod Hackmey）曾经说过的："在这样的社区中，建筑师是必要的，因为他们富有想象力，他们以他们的热情来激发成功之路"。

6. 小结

从20世纪90年代到今天，我国对于历史文化区域保护和利用的理论研究和项目实践日益深入，已经出现了大量理论和成功的实践案例。以"活着的古城"为代表的保护方式，以历史的真实性、风貌的完整性、生活的延续性成为最值得参考学习的方式之一。但是，关于如何在统一规划改造后能长期维持历史风貌并真正实现有机更新的方法却很匮乏。"小成本提升战略"与"社区建筑师制度"或许可以来填补这个空白。这个建议在提交给世界银行专家组后也获得了高度评价，因为这种做法坚持了这样一种朴素而公共的原则："服务于居民的城市环境同样也服务于游客，反之亦然"。

历史文化古镇　*Historical and Cultural Ancient Towns*

Cultural Tourism Attraction Design for Kaiping: Traced Back to the 1930s with Li Garden
开平文化旅游产品设计：重回1930年代的立园

文/张晓玥

【摘　要】

开平碉楼于2007年被列入《世界遗产名录》，带给开平的是机遇也是挑战。众多开平景点中，立园和自力村是主推的旅游景点。立园作为开平最早的旅游景点，拥有浪漫的故事和碉楼景观，每年吸引着越来越多的人来立园参观旅游。随着游客的不断增长，旅游产品的开发成为立园作为一个文化旅游景点发展的重要侧重点，本文通过研究阐述了开平立园发展所面临的问题和挑战并针对性地从体验经济角度出发，意在解决所述问题并给游客更深刻更娱乐的旅游体验。

【关键词】

开平；立园；旅游产品开发；体验经济

【作者简介】

张晓玥　香港理工大学酒店旅游管理学院硕士毕业生

图1 立园赓华村外观（姜镔 摄）

1. 开平以及开平立园的发展背景

开平作为著名的华侨之乡，完美地体现了东西方文化的融合，这样的开平孕育了广东省第一个世界级的文化遗产——"开平碉楼与村落"。当2007年第31届世界遗产大会批准"开平碉楼与村落"列入《世界遗产名录》的那一刻，"开平碉楼与村落"被赋予了前所未有的高度认可。

开平碉楼建于20世纪20~30年代。在那个动荡的年代，华侨们通过实践和智慧创造了碉楼这一既能防盗又能防洪的建筑。《世界遗产名录》的列入给开平带来了商机，不断增加的游客也给开平带来了新一轮的挑战。

在众多的开平景点中，立园和自力村成为了游客们主要的旅游点。立园作为开平第一个旅游景点以其优美浪漫的故事和造型独特的建筑风格吸引着游客们前往。开平立园位于开平塘口镇北义乡，它是塘口镇旅美华侨谢维立先生于20世纪20年代回国兴建的，历时十年，立园既有中国园林的韵味，又加入了欧美的建筑情调，同时具备了防洪防盗的功能，在我国华侨建造的园林中堪称一流，是我国中西文化结合的名园。

2. 旅游潜力分析

2.1 从基础设施来看

旅游发展相对早给立园带来了比其他开平景点较好的基础设施。自1999年政府与谢家签订50年管理合同以来，立园一直成为该地区较受欢迎的旅游景点。交通设施完善便利和可利用空间广阔为立园提供了较大的访客承载量。不过引导标识和康乐设施需要进一步完善。从广东各大城市到开平驱车前往大约2~3小时，因此本省游客成为立园乃至开平的主要客源。据数据表明，立园年均访客量40万中超过90%的客源来自广东省，这些访客文化程度中等偏低，他们中80%的人年收入小于5万（liang & zhou, 2009）。这部分游客大多选择相对低廉的团队旅游，主要目的并非了解世界遗产，而是选择在周末空闲享受开平周围的温泉设施。这些因素表明现在的立园访客需要相对快、简单而有趣的体验，这些和一个文化遗产景点的目标存在偏差，因此为立园乃至开平经营者收益带来季节性的影响因素。

2.2 从文化价值角度来看

立园作为我国国家级文化遗产承载着我国的集体记忆，在"开平碉楼与村落"被列入《世界遗产名录》的大背景下，开平立园作为最受欢迎的开平碉楼旅游景点之一，承载着历史以及文化所赋予它的价值。立园完美地展现了当时华侨文化的灿烂，雕栏玉砌的亭台楼院诉说着中西文化的碰撞，谢老先生写下的诗篇依旧保存完好地展现在立园，深深地表达了他对祖国对乡亲们的关怀和爱。然而，开平立园现今的文化价值仅仅逗留于广东地区或者当地级别，尽管开平旅游开发部不断加强对立园的保护和宣传，开平内部参观不平均等问题依然阻碍着开平立园的进一步开发。

2.3 从社会公益角度分析

尽管立园内没有居民居住，对居民的负面影响基本忽略不计。但从整体角度上看，开平旅游发展处于初期阶段，很多社会冲击还没有完全显现，与此同时旅游的多方面效应还没有完全被开发。

2.4 从产品价值角度分析

开平立园可达性良好，且接近自力村和赤坎以及其他碉楼景点。立园作为开平碉楼展现了与其他碉楼景点不同的景观，立园内浪漫的谢家家族史，是一段历史也是一段佳话，为文化旅游提供了生动吸引的素材。在立园中如毓培别墅一样的众多代表性建筑增强了该园的产品价值。立园占地约19600m²，分为别墅区、大花园区和小花园区，集传统园艺、西洋建筑、防洪防盗碉楼、江南水乡特色于一体，为文化旅游产品开发提供了多样性。然而立园的独特性并没有完美的呈现来区别于其他碉楼景点和我国其他园林景点。据开平旅游发展公司表示，随着申遗的成功，立园票价涨至90元，许多游客担心物有所值的问题，表示门票相对高昂，涨价后并没有增加相应的设施，此问题成为本文所探讨的核心问题之一。

2.5 从体验价值标准来看

立园目前吸引的主要是主流客源，但是游客体验较深不易于游客理解和体验，被动体验超过主动享受。景点诠释目前单一地注重对有形建筑的描述而忽略了文化故事的生动体现。目前的旅游模式对于个体旅游的游客来说体验并了解立园基本是不可能的。局限的旅游娱乐活动造成立园旅游主要以参观不同屋宇建设和摆设为主，这样的旅游方式导致了千篇一律的思维模式，于是造成部分楼宇不堪负荷，而其他楼宇参观人数寥寥无几的被动局面，因此增强体验价值成为立园发展设计中的重头戏。

结合以上分析，虽然我国将立园列为国家级旅游景点，"开平碉楼与村落"列为世界级文化遗产，现今立园和开平依旧停留在二等旅游景点，即地区级别旅游景点，表示其吸引力以及文化影响力目前仅限于地区级别。相对较低的文化体验价值使得立园的文化价值不能

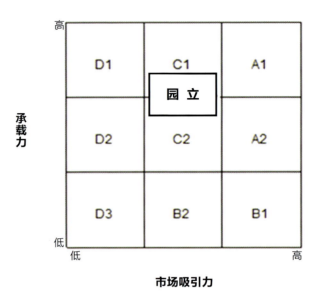

图2 市场吸引力-承载力矩阵模型 (du Cros, 2001)

完美地呈现，所吸引的游客更注重速食消费，加价的景点面临着物有所值的检验，单一的门票收入面临着不能支付庞大文化遗产开支的局势，产品和客源的不协调，当地居民的相对单一的收益给立园带来了诸多问题。其次，立园缺乏一个超乎寻常的旅游形象去与区域内众多园林景观或碉楼景观相竞争。

根据du Cros (2001)的旅游潜力分析模型，如图2，立园根据分析现处于C的位置。具体来说，立园可以承载增加的访客，但是管理需要进一步完善。因为以立园目前的状况，市场吸引力暂时中等。然而，立园蕴涵着超乎寻常的华侨文化和引人深思的家族史，这些无形的文化资产需要通过体验价值的提升来得以实现。这一过程可以加强市场吸引力和旅游承载力从而使立园成为国家级乃至世界级的碉楼文化精品旅游景点，达到图2所示的A类景点。

3. 提升游客体验的策略

旅游本身就是一种体验消费，随着体验经济的到来，体验成为了旅游中不可或缺的因素（Pine & Gilmore, 1999）。体验作为一种个人的感受，在文化遗产旅游中扮演着举足轻重的角色，因为遗产是那些被大家认为感知为遗产的事物(Poria et al, 2003; O'Dell, 2007)。因此，使体验触动到个人，对个人有意义，对提高体验的质量、加深游客对文化遗产的认识、增强文化景点的竞争力起着重要作用(Timothy, 1997; Moscardo, 1999; Jennings, 2010; Culter & Carmichael, 2010)。这样的体验应该唤醒人们的参与感同时让游客能多花时间去了解文化遗产，从而加深他们对文化的更深入的认识(Moscardo, 1999)。Pine和Gilmore（1999）把参与感和个人认知结合了起来提出了如图3的模型。他们认为娱乐、教育、逃避现实和审美的共同作用往往产生独特的个人体验。

本文着重向游客展现无形的文化遗产，通过这样的转变使游客们达到个人认知，使游客更好地体验文化遗产。根据Moscardo (2010)的理论，故事、主题、原真性、感性和不同感官能有效地营造出个人体验，而游客也会更愿意去加入这样的体验。主题和故事可以使文化景点更具有生命力，从而潜移默化地传递文化遗产所蕴涵的深刻含义，也可以使旅游体验变

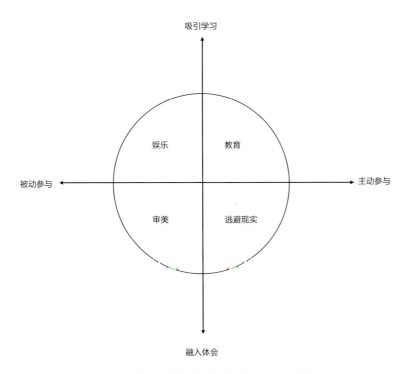

图3 体现形式的构面与种类 (Pine & Gilmore, 1999:30)

得更加难忘。因此，本文将根据上述内容为立园的游客设计一个值得纪念的文化之旅。

4. 文化旅游产品设计计划

文化旅游产品设计计划主要集中在对现有游客的体验提升，这意味着整体体验会是相对轻松和愉快的，在这样的氛围中此计划为游客提供了了解深刻文化的渠道。

4.1 主题和产品概述

通过具体的主题和不同的故事来展现景点，可以使游客在虚拟的世界里忘却时间、空间的界限来提升游客体验。根据当地环境和文化设置的主题和故事可以引导游客在景点的行为，同时更好地传达文化旅游的知识(Moscardo, 2010)。因此，本文所提出的设计理念意在重现1930年代的立园，让开平立园重新活起来。这个主题将完美地展现立园高雅、浪漫和原真的形态。1930年代是个富有魅力的年代，中西方文化在那个年代在开平开始融合，重现那个年代立园的繁荣可以使游客更容易理解古迹，另外为景点或旅游目的地的营销营造了独特的形象。

4.2 潜在市场分析

这个文化旅游产品意在提升现有游客源的旅游体验。这个产品志在解决物有所值的问题，同时带给游客更加消遣娱乐却意义深远的旅游回忆。与此同时，因为开平以及开平立园存在严重的季节性和时段性问题，该产品的设计也为该地区提供了相当大的潜在个人游客。潜在游客地域为广东省、澳门和香港，这些潜在的销售对象收入水平和教育水平与现有游客相比较高。主要游客为女性，她们可以在开平立园体验立园中浪漫的爱情故事和1930年代女性的高雅生活方式。中年、长者和华侨也被列为潜在游客，他们在立园可以寻找上一辈或者儿时对1930年代的记忆。其次，珠三角包括香港澳门等发展较快的沿海城市生活着很多外国人，立园1930年代的重现将带给他们一种不一样的西方文化和中国文化的冲击。这些潜在客户可以积极建议他们在淡季前往以便在相对宁静的环境中欣赏和品味立园。

总体来看，游客数量趋于缓步增长，但淡季的游客指数将会有所改善。目前开平及开平立园的游客以一次性旅游到访为主，本产品的设计将在一定程度上增加重复访客的数量。

4.3 产品设计理念

4.3.1 观感立园：重建1930年代

有质量的旅游体验意在重现当时的场所来加强原真性，以此来增加客人的融入性(Tang & Jones, 2010)。在景点中，建筑物对还原场所感起着重要作用，在产品设计中创建一个优美和舒适的环境迎接游客是必要的。景点设施需要做到与主题和文化背景相符合，力求各个方面达成共识，共同重现1930年代的立园。

重建和改造的主要目的和期望成果主要希望能将立园当年的风貌和部分场所的功能重现。这样既能良好地进行全方位的遗产保护，也有助于创建游客想象。例如，鸟巢是立园中的典型建筑，采用古罗马式和中国民间艺术剪纸图案结合的建筑风格，在立园鼎盛时期，百鸟会聚，中间的水池也养着金钱龟。而现在鸟巢无鸟，池中无龟，重现鸟巢可以使旅游导读不单停留在想象而是眼见为实。其次，利用一些建筑对展现主题有利无弊。例如，不同的1930年代歌曲可以通过留声机从不同感官来区别每个建筑的不同，从而分流游客。厨房和水井也可以利用起来，展现当时人们的生活方式，把立园从简单的看扩展到品尝、听和触觉等多重感观。时代的标识也可以进一步重现1930年代的空间，例如车站、路灯、海报和日历等都可以潜移默化地告诉游客，现在您身处1930年代。

交通工具作为一个有参与性的活动对体现主题起着重要作用。例如，船只进入立园是最开始的进入立园的方法，因此船只和船夫曲可以带给大家更真切的体验。又例如黄包车在院内特定地点带给立园生机，把交通工具当娱乐来设计可以与其他景点联系，古董车和马车将会是不错的选择。

4.3.2 知晓立园：诠释1930年代

在当代重现过去的重要手段之一便是各种方式的诠释手段，诠释手段连接着遗产和旅

历史文化古镇　*Historical and Cultural Ancient Towns*

游两个不同的目的，给遗产阐释带来了挑战。景点经营者应着手给游客传递有用和正确的遗产信息，这个目标的实现得通过加强诠释手段来进行，这样也可以指导和引导游客行为(McKercher & du Cros, 2002)。具体来说，因为有形的建筑是显而易见地诠释遗产，应更注重无形文化的阐述，提供具有教育意义的，激发想象的，简单的，具有娱乐性和有趣性的高质量体验。例如，通过讲述当地传说来介绍当地社会历史从而激发游客们去了解遗产。对话式的、明确并且优美的标识也会成为有效的手段，详细的根据不同路线设计的地图可以为不同需要的游客提供便利，这些有效的交流传递了主题，可以通过吸引人的小册子和网站等手段进行宣传。

具有良好专业知识，身穿1930年代服饰的导游或工作人员，通过准确并且与游客相互交流的对话，能够有效地缩短现在与过去之间的距离。他们可以是导游，可以从事当时立园时期的正常工作，可以在餐厅和小卖部，也可以是立园的主人介绍自己的起居，把游客当做客人，带他们走进这1930年代的空间。

4.3.3 品尝立园：1930年代的食品文化

食物具有典型的地域特征，因此，改造一个遗产餐馆可以为游客提供一个舒适并有意义的用餐体验，这也为经营者带来了可观的收入。整个餐馆需要参照1930年代华侨高贵典雅的风格，因为立园有自己知名的当地小吃和一些耳熟能详的华侨菜式，这些蕴涵着历史和故事的美食享受把华侨的生活方式诠释出来并且带给访客不一般的回忆。

4.3.4 享受立园：1930年代的活动和表演

这一主题主要目的在于将文化价值通过活动和表演生动地展现给广大访客，因为在景点中人们不单是在观看也在寻找一些可以做可以享受的事。照相是游客们普遍喜欢的活动。穿上1930年代的衣服，造型成为1930年代的人物，在原真的立园感受并且体验过去。

现今的主流客源主要出现在旺季和特定的

图4 鸟瞰立园（张向宁 摄）

时间段，为满足这些游客，舞台式的表演模式是必需的。例如，粤剧折子戏将会是一个不错的选择，此种剧目不但是1930年代人们主要的娱乐方式也是开平的代表。又例如在大花园后的桥边演奏月琴，这是谢老先生二夫人最爱的也最擅长的乐器，这样的做法给不同客人提供了选择，也还原了1930年代的立园。

现在，立园和开平的故事主要以展览的形式存在，此种被动参观往往不能吸引游客主动去理解并阅读，更生动有趣的形式将有利于大家理解开平品味立园。例如，皮影戏作为一门生动的民间技能可以展现立园和开平的故事。

4.3.5 创意立园：1930年代的工艺和纪念品

当地的民间工艺品可以展现当地的文化。在立园中当地的工艺和立园独特的1930年代民间工艺如竹艺、香蕉叶雨衣、漆画、陶艺、刺绣等都具有当地特色。这些工艺连接着1930年代传承者艺术和文化，可以作为手工艺品和纪念品出售给游客，也可以开展一些兴趣班，让游客参与制作自己的纪念品，体验传统工艺的制作。现如今，开平和开平立园在纪念品这一块还需大幅度改善，一些与本地环境不符合的工艺品如贝壳灯等充斥着纪念品市场。纪念品承载着旅游的经历和回忆，高质量和反映当地文化的纪念品对宣传景点也起着一定作用，因此此块需要景点管理者加强。纪念品应与立园精致高雅的文化气息相吻合，例如，1930年代肖像制作、珠宝首饰、伞、旗袍等。

4.3.6 特别的立园：1930年代主题聚会和节日

聚会和节日有助于传递原真的感受体验，也可以作为多次到访的目的重复吸引游客（Caliskan，2010）。其次，随着时代的发展，聚会和节日已经成为游客旅游决定过程中的主要因素，所以创建一些聚会和节日庆典将丰富立园的餐馆模式。例如，1930年代的舞会既能完美的展现1930年代繁荣奢华的立园情节，也提供了游客在非高峰时段的参观机会。一些设计包装的生日、婚礼和周年纪念也可以给立园带来不错的收入，同时为客人们特殊的日子增光添彩。也可根据当地节庆或重大节日举办特殊活动丰富游客们的旅游体验。

5. 评估和总结

本文中所提出的"重回1930年代立园"的文化旅游概念产品设计方案，主要关注于根据du Cros（2001）的模型（图2）把开平立园从C级旅游景点改善为A类旅游景点。具体来说，整个主题通过加强游客体验将无形的文化价值更轻松有趣地传递给游客，意在解决开平以及开平立园目前所存在的诸多发展困境。但提出的文化旅游产品概念也会面临着过度商业化的问题，这个问题对文化遗产会带来对原真性的质疑。然而，我们需要谨记的是旅游作为一种经营模式，不得不将遗产等旅游资源带给游客们享受体验，并从中得到利润（McKercher & du Cros, 2002）。因为该景点主要的销售对象为主流客源，文化遗产不得不转变为更容易更轻松的文化传递。尽管本概念的设定已尽可能地将旅游和文化遗产的不同目的进行结合，希望达到赢利和保存文化、传递文化的目的，但旅游管理者还应不断平衡两种不同目的。本文中的文化旅游产品概念为当地居民提供了不同的机会来获利。1930年代这一主题在当地是耳熟能详的，也符合立园的背景，经营者应确保传递立园高雅的文化底蕴，提供更符合主题和更加准确的文化阐述。

该产品的设计同时面临着内部管理的挑战，不同的参与者或者投资者需要共同协作达到统一目标，然而无形文化的理解是因人而异的，所以平衡不同观点和态度也会成为经营者需要面临的挑战。其次，旅游作为第三产业，服务是不可忽视的重要组成部分，目前开平和开平立园面临着如何将当地人民培训成为服务的传递者，这依旧需要时日。再者，每个产品都有相应的生命期，如何延续旅游产品生命期，不断创新和创造，给经营者带来了新一轮的挑战。

本文以开平立园为背景，提供了旅游文化产品的开发设计理念，为其他旅游文化开发景点提供了范例，也向旅游业提出了体验经济在文化旅游中举足轻重的作用，值得旅游业的工作者参考。

图5 立园泮文楼观（姜镔 摄）

图6 立园（黄伟良 摄）

参考文献

[1] Caliskan, V. (2010). Examining Cultural Tourism Attractions for Foreign Visitors: The Case of Camel Wrestling in Selcuk (Ephesus), Turizam, 14 (1): 22-40.

[2] Culter,S. and Carmichael,B.A. (2010). The dimensions of the tourist experience. The Tourism and Leisure Experience: Consumer and managerial perspectives, edited by Morgan,M., Lugosi, P. and Ritchie, J.R.B. Channel View Publications, Canada:3-26.

[3] du Cros H (2001). A new model to assist in planning for sustainable cultural heritage tourism. International Journal of Travel Research 3(2):165-170.

[4] Liang, J,C and Zhou,Z.H (2009). Tourism Development Research of Kaiping Diaolou World Cultural Heritage: Based on Contrastive Analysis of Real Market and Potential Market. Tourism Forum 2(1): 46-50.

[5] McKercher B., du Cros H. (2002). Cultural Tourism: The partnership between tourism and cultural heritage management. Haworth Press, Binghamton N. Y.

[6] Moscardo, G (1999). Making Visitors Mindful: principles for creating sustainable visitor experiences through effective communication. Sagamore Publishing, USA.

[7] Moscardo,G. (2010). The shaping of tourist experience: The importance of stories and themes. The Tourism and Leisure Experience: Consumer and managerial perspectives, edited by Morgan,M., Lugosi, P. and Ritchie, J.R.B. Channel View Publications, Canada:43-58.

[8] O'Dell,T (2007). Tourist experience: an autoethnography of a family trip to Eilat. Journal of Tourism and Cultural Change 5 (3): 141-157.

[9] Pine, B.J. and Gilmore,J. (1999). The Experience Economy: working is theatre & every business a stage, Harvard Business School Press, Boston, Massachusetts.

[10] Poria,Y., Bulter,R., and Airey,D. (2003). The core of heritage tourism. Annals of Tourism Research, 30: 238-254.

[11] Tang, C.H. and Jones, E. (2010). Delivering Quality Experiences for Sustainable Tourism Development: Harnessing a Sense of Place in Monmouthshire. The Tourism and Leisure Experience: Consumer and managerial perspectives, edited by Morgan,M., Lugosi, P. and Ritchie, J.R.B. Channel View Publications, Canada:163-181.

[12] Timothy, D.J. (1997). Tourism and the Personal Heritage Experience. Annals of Tourism Research 24(3):751-754.

The Innovation of Planning for Historical and Cultural Small Tourism Towns: A Case Study of Langshan Philanthropic Culture Town in Nantong

历史文化型旅游小镇规划创新
——以南通狼山善文化小镇规划为例

文/严登昌

【摘 要】

旅游小镇是我国城乡一体化发展过程中产生的一种新型发展模式，扮演着连接城市与农村的纽带作用。在旅游需求日趋多样化的背景下，历史文化型旅游小镇的规划须以文化为主线，在保护的前提下，通过主题性、体验性和参与性等方面策划旅游产品，并强调社区参与，促使其小镇旅游业可持续发展。本文结合国内外旅游小镇开发建设的成功经验，以南通狼山善文化小镇为例，提出了以善文化为主题的旅游创新模式。

【关键词】

旅游小镇；规划；善文化；创新；狼山

【作者简介】

严登昌　高级旅游策划师

图1 狼山（严登昌 摄）

旅游小镇是我国社会主义新农村建设的产物，2005年7月，云南省政府提出了"旅游小镇"建设的战略构想，其目的是针对云南城市化水平低、农村村镇基础设施落后的现状，依托村镇丰富的旅游资源，通过旅游业带动村镇旅游基础设施建设，发展村镇经济，提高居民生活水平。2006年5月国家建设部、国家旅游局联合在云南召开全国旅游小城镇发展工作会议，会议重点总结了云南发展旅游型小镇的模式和经验，拉开了全国旅游小镇建设的序幕。2011年5月，海南国际旅游岛提出将在全岛筛选建设50个特色旅游小镇。本文在旅游小镇理论研究的基础上，结合江苏南通狼山镇旅游整体策划案例，对历史文化型旅游小镇的规划进行了深入探讨。

1. 小城镇与旅游

小城镇在我国城镇体系中是农村与城市的过渡地带，扮演着连接城乡之桥梁作用，是城乡统筹发展的关键点。发展小城镇是消除城乡二元分割体制的重要载体，是促进城乡经济社会协调发展的治本之策之一[1]。

截至2009年年底，我国乡镇级别的行政单位共40858个[2]，其中有部分乡镇本身旅游资源较丰富，或周边有可依托的旅游资源，都为旅游发展提供了良好的资源条件。旅游业因其综合性、产业带动性、劳动密集性等特点，成为乡镇经济发展的较佳选择。依托我国小城镇丰富的旅游资源和世界最大的国内旅游市场，因地制宜地发展小城镇旅游业，开发有特色的旅游产品，是发展特色乡镇经济的有效途径之一。

小城镇旅游开发可有效提高城镇化水平，促进城镇文化、教育、科技、生态、卫生等各项产业的发展。小城镇可根据自身生产要素布局、人文资源特色、自然环境背景、区位状况等，结合小城镇地域特征、客源市场，选择适于自身发展的旅游发展模式。在促进城乡经济发展、缓解城乡就业压力、优化城乡产业结构、缩小城乡差别和推动农村城镇化进程等方面具有特殊的作用，小城镇旅游也是当前城乡统筹工作新的切入点，对建设社会主义新农村有着重要的贡献。

2. 旅游小镇

2.1 旅游小镇的概念

旅游小镇是小城镇建设的创新模式。目前大部分学者主要从小城镇的功能与主导经济的角度来定义旅游小镇。

刘德云认为：旅游小镇是指以旅游产业为主导的市镇，即自身拥有旅游资源可以成为旅游目的地的小城镇[3]。

李晓阳认为：旅游小城镇主要是指以旅游为主要功能，以提供迥异于城市、乡村的旅游产品，并产生良好的环境、社会、经济效益为主要特征的小城镇[4]。

张仁开认为："旅游小镇"又可以称为"旅游型小城镇"、"特色旅游小城镇"，实质上是以旅游产业为主导产业的小城镇，属于"特色小城镇"的范畴，是"旅游专业镇"[5]。

笔者认为，旅游小镇的概念需要从居住生活和旅游两个方面阐述：

一方面，旅游小镇是以发展小城镇经济和提高当地居民生活水平为前提，首先要为城镇居民营造良好的生活氛围，留住原住民，让居民扎根于城镇，亦即要有原生态的自然环境和文化元素，是宜居城镇。"宜居"即要满足人们"易居、逸居、康居、安居"的基本要求，创造出健康、优美、和谐的人居环境，宜居和旅游密切联系，宜居是旅游的前提，旅游则是对宜居的提升和拔高。

另一方面，旅游小镇是以旅游产业为主导。第一，旅游资源，小城镇须有旅游资源或可依托的旅游资源，旅游资源是旅游小镇的核心吸引物；第二，旅游设施，具备或者经开发建设后具有相对完善的接待游客和供游客消费的各项物质设施和能力，包括旅游基础设施和旅游服务设施；第三，旅游服务，旅游业作为服务性行业，旅游服务是消费者满意度的关键性决定因素，旅游小镇可经开发和后期培养形成特色化和人性化的旅游服务体系；第四，社区参与，当地居民参与旅游开发，可有效解决文化传承、劳动就业问题，避免"旅游飞地"、"旅游孤岛"等现象发生，实现旅游业的可持续发展。

概而言之，旅游小镇是以旅游产业为主导的宜居小城镇。

2.2 旅游小镇的类型

根据形成旅游吸引力的主导因素及主要的景观特征，将旅游小镇划分为资源型旅游小镇、旅游服务型旅游小镇、综合型旅游小镇三种类型[6]（表1）。

2.3 历史文化型旅游小镇

历史文化型旅游小镇是资源型旅游小镇的一种类型，是指小镇比较集中地保留了历史古迹，或能较完整地体现出某一历史时期的文化风貌和独特的民俗风情，具有较高的历史价值、文化价值或者革命纪念价值的小城镇。

2.3.1 历史文化型旅游小镇的特征

第一，从小镇国民经济发展的角度讲，历史文化型旅游小镇的支撑产业是旅游业或者旅游业占国民经济的比重在不断地增加，旅游对于小镇的经济具有较强的带动作用，通过发展旅游业，完善小镇基础设施和服务设施，增加社会就业，带动经济发展，体现旅游小镇的经济带动特征。

表1 旅游小镇分类

大类	中类	特点	举例
资源型旅游小镇	历史文化型	● 具备古建筑和历史文化街区的特征 ● 具备淳朴的民风及浓郁的民族风情 ● 具备革命纪念意义	江苏周庄、丽江古城、凤凰古城、山西平遥古城、江苏狼山镇等
	风景型	● 满足风景构成的景物、景感、条件三要素，引起人们审美和欣赏的小城镇 ● 依托环境优美的风景名胜区，具有风景旅游服务功能 ● 小城镇所辖区域有风景名胜区	浙江白塔镇、四川泸沽湖镇、四川龙池镇、安徽中庙镇等
	休闲度假型	● 具备独家条件和满足旅游度假休闲的功能 ● 融合度假旅游、观光旅游、会议旅游、商务旅游等的综合性旅游区	四川黄龙溪镇、四川洛带镇、广东杨梅镇、北京长陵镇等
	生态型	● 具有优美突出的自然生态环境，以自然风光取胜 ● 群众具有很强的生态意识，注重环保 ● 具有乡村旅游的特点	江苏汉王镇、浙江安吉县、湖北归州镇等
	要素型	● 以某种旅游要素为主要旅游特色，吸引专项旅游市场 ● 旅游吸引物是旅游者决定流向的主要依据和旅游产品的重要内容	云南瑞丽、东北的边境小镇、江西景德镇、湖南沱江镇等
旅游服务型旅游小镇	自然风光旅游服务型	● 一般距离县城较近，或是某一区域范围内的政治、经济、文化中心 ● 与旅游点邻接，可以近便地到达周边旅游目的地	贵州黄果树镇等
	民俗旅游服务型		
	特色服务型		
综合型旅游小镇	旅游资源和旅游服务并重的小城镇	● 具备旅游资源型和旅游服务型小城镇的双重特点 ● 旅游资源开发较成熟，旅游设施比较完善 ● 旅游业对其他产业的带动明显	贵州施洞镇（龙舟节+民俗旅游服务）等

第二，文化是小镇旅游资源的主体，历史文化型旅游小镇都应具有较强吸引力的文化内涵，并有可能开发成为旅游产品。如现在开发比较成熟的江苏周庄，以其灵秀的水乡风貌，独特的人文景观，质朴的民俗风情，成为东方文化的瑰宝。一座古镇、一湾细水、一片田园、一条老街、一段时光，构成了千年周庄的一种生活方式。

第三，文化休闲是小镇旅游的主题，目前国内旅游市场已经从传统的观光旅游向休闲度假体验游转变，旅游小镇因其外围土地可利用空间相对较大，正是迎合了市场需求的这种转变，根据市场的需求建设休闲和度假设施，让旅游者在小镇彻底放松心情，找到心灵的归宿。

第四，旅游小镇开发与建设的目的是推动当地经济的发展，通过吃、住、行、游、购、娱等旅游要素的完善和旅游核心吸引物的构建，使旅游者留在小镇、住在小镇，引导旅游者释放心情，体会小镇的文化氛围，感受不一样的生活方式。

2.3.2 历史文化型旅游小镇的功能

从城镇发展和居住生活的角度来看，历史文化型旅游小镇，具有为小镇居民提供居住、生活、休憩、交通、商业服务、公共服务等功能。

从旅游发展的角度来看，历史文化型旅游小镇，具有保护和展示文化、旅游产品供应、旅游服务提供等功能，小镇旅游在文化保护的前提下，渗透、激活相关产业，发挥旅游业的产业带动功能。

历史文化型的旅游小镇的开发和建设，不仅需要基于保护开展旅游活动，将居民生活空间和需求妥善处理，还需要考虑旅游和休闲度假的景观营造和游憩活动安排，通过完善旅游基础设施、提高服务质量、丰富旅游产品，将浓厚的文化氛围和健康和谐的社会生活氛围相结合，实现"人——镇——旅游"和谐共生。

2.3.3 国外历史文化型小镇旅游开发的启示

在国外，小城镇建设已经成为推进城

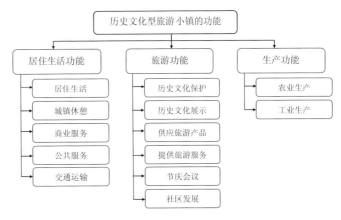

图2 历史文化型旅游小镇的功能

图片来源：http://dcbbs.zol.com.cn/64/752_638090.html

图3 狼山雪景

市化的最有效途径，欧美、澳大利亚以及拉美等很多国家都有比较成功的案例，其中包括大量的以旅游业为主导产业的旅游小镇建设。总体来讲，国外的历史文化型旅游小城镇开发和建设有诸多可借鉴的经验，主要表现在以下几个方面：

第一，注重对历史文化元素的保护。历史文化旅游小镇的核心吸引力在于其蕴涵历史沧桑的文化实物与氛围，而这些实物与氛围的浓缩便是每个小镇所特有的文化符号，这些文化符号是本土文化的象征。如奥地利上奥地利州萨尔茨卡默古特地区的哈尔施塔特镇，被称作"世界上最美的小镇"，它的美丽一方面是来自于小镇地处山水交融的优美环境之中，另一方面是它完整地保护了150多年前发现的史前文明古迹和独特的埋葬方式，至今小镇仍然保持着古风古韵。

第二，对传统生活方式的沿袭。文化不仅仅来源于小镇保存的历史建筑等物质方面，更来源于小镇的居民特有的生活方式和习惯。如意大利托斯卡纳地区马尔米堡古镇，是世界公认的顶级度假目的地，马尔米堡的文化符号就是文艺复兴时期的雕塑，在小镇的旅游开发中，不仅注重对这些文化元素的保护和艺术氛围的营造，而且在住宿、餐饮、休闲、社交等方面都沿袭了小镇特有的生活方式，通过不同的手段邀请和引导来客体验和融入本地传统生活方式。

第三，旅游小镇的主题突出。国外历史文化旅游小镇的发展都有一个核心的主题，比如有音乐、建筑、美术等艺术形态的，或者是民俗风情等。旅游小镇的主题也是吸引旅游者的主要因素之一，所以一个古镇的发展必须有清晰的核心主题。如法国枫丹白露，宫廷建筑中最美的是弗朗索瓦一世的画廊，还有枫丹白露森林边上的巴比松画家村，整个小镇每年接待游客超过1000万人次，是一个具有浓郁艺术气息的旅游主题小镇。

第四，强调社区参与旅游业发展。旅游小镇的社区居民根植性强，是当地文化的重要组成部分。社区参与是旅游业发展或旅游规划必须要考虑的问题，如英国的南彭布鲁克，在旅游规划制定的过程中，让社区居民最大限度地参与到各个阶段，并组建了社区旅游发展规划委员会来组织和监督，使社区居民、政府和旅游开发机构整体协调发展，并保证居民的收入和就业在社区内部平均分配，从而实现旅游小镇的可持续发展。

3. 历史文化型旅游小镇规划创新

旅游规划，是一个地域综合体内旅游系统的发展目标和实现方式的整体部署过程，需要站在高屋建瓴的角度统筹全局，为旅游实现提供指导性的方针[7]。旅游小镇的规划是通过对小城镇的内外部条件分析，确定出长远的发展战略，确定一个比较合理的旅游主题，构建支撑主题的旅游产品体系，并制定科学合理的管理运营机制。历史文化型旅游小镇的规划需要在保护当地文化的基础上，借鉴国内外旅游小镇开发成功的经验，将旅游小镇作为一个大的景区进行研究，并通过规划创新形成符合小镇实际的旅游发展模式。

历史文化型旅游小镇规划和建设的终极目标是提高城镇内部的经济聚集效益，合理布局现代化产业结构，使历史文化资源得到保护和合理利用，更注重强调旅游开发的社会责任，让社区的富余劳动力尤其是素质高的劳动力各得其所，优化城镇功能，完善城镇基础设施和服务设施，提高社区居民的生活质量。

3.1 规划理念创新

无论是何种类型的旅游小镇开发都离不开文化，文化是人类在社会发展过程中所创造的物质财富和精神财富，存在于人们生活的每一个细节。文化是历史文化型旅游小镇发展的原始资本，因此旅游规划创新，必须以旅游小镇的文脉为主线，淘汰落后的文化，从深层次挖掘文化内涵，在发展中演绎新的文化，同时吸取外来先进文化，通过演变，创造出具有新型活动的文化。历史文化型旅游小镇的规划可依据以下理念：

一是找准文化卖点，从文脉找出文化的亮点，从整体的角度确定吸引游客的核心价值；

二是对具有较高历史文化价值的历史遗存和无形文化，进行有效的保护和传承，在国家法律法规允许的条件下进行合理利用；

三是将旅游小镇作为一个完整的景区来规划，从资源主导转变为主题目标驱动，保证旅游小镇景区化的完整性；

四是以完善的旅游项目支撑体系，带动旅游产业体系的完善和发展，并最终实现以旅游产业为核心，驱动其他产业健康发展的产业体系；

五是要防止"文化侵略"，文化是历史文化型旅游小镇的灵魂，每一个历史文化型旅游小镇都具有自己的文化价值和特点，在旅游规划中必须保留其核心文化。

3.2 技术路线创新

旅游规划关系着旅游小镇的前途和命运，在规划中应强调技术流程严密的逻辑性和科学性，通过客观存在的或者潜在的条件，分析得出旅游小镇的发展方向。旅游小镇旅游规划技术路线大致分为以下几个部分：

首先，通过对旅游小镇内部条件分析得出自身的比较优势，也就是通过对旅游小镇的文脉和地脉分析，提炼其核心旅游价值；

其次，把旅游小镇的比较优势放在整个大区域，也就是结合外部条件进行综合评价，得出当地旅游发展的SWOT分析结论；

再次，将优势、劣势、威胁、机遇四个因素的两两组合推导出当地旅游发展战略；

最后，根据当地旅游资源特色，确定其旅游发展主题方向和定位，并围绕主题策划旅游产品体系。

3.3 旅游资源评价创新

旅游资源评价是对不同地域的旅游资源的组合特点及由此而产生的质和量的差异、对

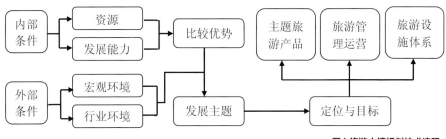

图4 旅游小镇规划技术流程

旅游吸引力的大小进行的科学划分。目前所使用的《旅游资源分类、调查与评价》（GB/T 18972-2003）主要是从旅游资源分类、旅游资源调查和旅游资源评价三个方面进行评估。旅游小镇的规划中要将其作为一个完整的景区来进行资源评价，现行的标准不能满足日趋完善和合理的旅游规划体系。因此，旅游小镇的资源评价需要在遵守国标的基础上，从旅游资源利用的角度或者旅游小镇的建设关键因素根据实际情况进行分析和评价。

历史文化型旅游小镇的资源评价，要从居住和旅游两个方面综合考虑，对旅游小镇的区位、交通、经济、文化软实力、历史遗存、自然环境、发展潜力等进行综合评价，笔者认为历史文化型旅游小镇的资源评价因素主要包括区位交通、产业环境、文化底蕴、社会安全、居民文明、环境优美、生活舒适度、旅游设施、旅游服务、旅游产品等方面，这些因素一部分是旅游小镇本身就有的，还有一部分是通过后期的开发建设可以满足的。

3.4 旅游小镇的主题化

国内的旅游小镇目前主要是古村镇的开发和利用，以历史文化、民族文化为主，且旅游产品都趋向于同质性，形成了恶性竞争的局面，致使部分古镇旅游业已经出现了衰退的现象。随着旅游者需求的改变，古镇旅游需要开发具有持续吸引力的旅游产品，历数国内外较成熟的旅游小镇，都不难看出它们的发展具有一个比较鲜明的主题，主题化和特色化发展是实现旅游小镇可持续发展的途径。

由于历史文化型旅游小镇要以文化资源保护为前提，因此主题化和特色化发展遵循少开发多利用、强化软开发、适度硬开发、新老分离、以人为本等原则，以文化为主线，根据市场需求确定发展主题，由主题形成旅游吸引力、产生差异化、增强竞争力。通过小镇生活方式的展示和互动，围绕旅游主题形成观光、度假、休闲等多元化的旅游产品，同时营造个性化、特色化的文化氛围和旅游服务。以小镇旅游主题为方向，创新旅游产品习题，旅游业是充满想象力的产业，只有想不到没有做不到，迪拜就是一个例子，迪拜的成功说明旅游发展的"资源决定论"已经失败。

3.5 注重旅游产品的体验性和参与性

在休闲时代，人们追求的已经不再是物质的享受，而是在此基础上如何让自己的精神获得满足，这些都使体验之风不断盛行。把旅游产品的开发致力于体验经济的大背景下，迎合了时代发展的需要。尤其是历史文化旅游小镇的旅游产品，单纯的走马观花式的观光旅游产品已经不能满足旅游者的需求，需要开发深度文化体验旅游产品和旅游者可参与的旅游产品，让旅游者能够融入到文化氛围中，享受独特的生活方式，丰富旅游者体验。如江苏周庄近两年除借助水乡自然和田园风光形成的农夫山庄、江南人家等项目外，还推出以野外拓展为主的欢乐世界和以佛教文化为主的水月观音文化等休闲产品，利用周边的自然村落和农耕渔猎文化，推出乡村单车游、自驾游等旅游产品，将旅游从古镇延伸到农村，并且推出《四季周庄》原生态水乡实景演出，将休闲体验旅游从白天延伸到晚上，形成了完整的休闲产业链。

体验性和参与性的旅游产品也是能将旅游者留在旅游小镇，并且能产生较高消费的主要吸引物，通过丰富多样的产品类型和体验可尽可能地扩大旅游收入。

3.6 运营模式创新

目前，国内历史文化型旅游小镇的开发模式有三种：政府主导模式、政府主导的项目公司模式和经营权出让模式。这三种模式各有利弊，并且都有经营得比较成功的案例，比如丽江大研古镇、浙江乌镇、湖南凤凰古镇，但是这三种模式都不能很好地解决旅游开发中的资金、利益分配、市场化等问题。因此，必须在借鉴这三种模式和国外成功经验的基础上进行模式创新。

从旅游的可持续发展的角度来讲，历史文化型旅游小镇比较适合于"政府主导+企业开发+社区参与"的模式：政府在旅游小镇开发建设中具有监督和指导作用，并投资旅游基础设施和公共服务设施；企业是旅游小镇的整体开发和运营管理者，文化资源保护的具体实施者；调动社区居民参与旅游业的积极性，应成立专门的社区旅游管理委员会等类似的机构，参与到旅游小镇的监督、管理和运营，代表社区保护当地居民的利益。在这种模式下，利用国有土地和集体流转出来的土地，通过土地运营的理念，以旅游地产撬动旅游产业。

4. 案例：以南通狼山善文化旅游小镇整体策划为例

4.1 南通狼山镇概述

狼山镇位于南通崇川区，毗邻南通新城区。狼山镇居江海之汇，临扬子之首，南通守望之屏。狼山境内有国家4A级风景区之一的狼山风景名胜区、园艺博览园、苏中苏北地区最大的集"科技、海洋、教育、娱乐"于一体的中泰海底世界、南通大学城、体育会展中心和中央商务区，其中狼山风景区内的狼五山是长江入海口沿江诸山之首，狼五山由狼山、剑山、军山、马鞍山和黄泥山组成，像五颗绿色的翡翠镶嵌在扬子江畔，拥有"第一江山"的完美组合。狼山是大势至菩萨的道场，又称"紫琅山"，为中国佛教八小名山之一，寺庙建筑林立，以佛教文化为特色，终年香火旺盛，每年有近百万香客。军山相传是秦始皇当年屯兵之处，山上普陀别院供奉着世界最大的翡翠观音坐像。剑山山脊突出如刃，故名剑山，山上文殊院供奉着文殊菩萨。啬园是清末状元、近代民族实业家、教育家张謇先生的纪念性园林，为国家重点文物保护单位，是南通规模最大的植物观赏园。综合来讲，狼山镇是镇域范围内有狼山风景名胜区的旅游小镇，是以宗教文化为主要内容的历史文化型旅游小镇。狼山镇总面积19.72km²，其中核心区约12km²，南通市政府提出将狼山镇建成以现代服务业、滨江工业带、特色文化区、生态旅游圈为特色的"生态旅游大镇"。

4.2 狼山镇旅游规划需要解决的问题

第一，狼山镇急需产业结构调整和转型，整个区域如何激活？

第二，狼山镇当如何有效利用自身资源，为南通经济发展做出应有贡献？

第三，如何通过狼山旅游发展，带动南通旅游业，提升南通文化软实力？

4.3 狼山旅游资源评价

狼山旅游资源评价，从建设旅游小镇的关键因素进行综合评价，包括区位交通、产业环境、文化底蕴、自然环境、生活舒适度、旅游设施、旅游服务、旅游产品等方面（表2）。

表2 狼山建设旅游小镇指标评估

指标	狼山综合评估	备注
区位交通	狼山位于南通城南，滨临长江最宽广水面，距离上海、苏州、无锡、常州均在120km左右； 南通具有良好的通达性，交通方式多样且便捷	区位交通优势显著
产业环境	南通三产增加值结构由2009年的8.2：56.0：35.8调整为2010年的7.7：55.8：36.5。尽管第二产业的比重有所降低，但仍属于国民经济的绝对主导	旅游业可维持三产均衡发展
文化底蕴	狼山是中国八小佛教名山之首，大势至菩萨的道场； 张謇："中国近代第一城"的缔造者，提倡实业救国和公益事业	以佛教文化为主
自然环境	吞江纳海，滨水资源丰富； 狼五山是长江冲积平原的唯一山地； 狼山四季山水风景各异，山势秀丽、江面宽阔	环境优美，适宜开发休闲度假产品
生活舒适度	气候温和、四季分明、雨水充沛，气候适合春夏秋三季休闲度假； 江鲜、海鲜、狼山鸡具一定知名度	气候宜人，美食丰富，适宜于居住
旅游设施	内部交通相对完善； 旅游住宿和餐饮设施相对缺乏； 由于缺乏统一的管理，没有形成统一的标识系统； 旅游购物主要是售卖香火蜡烛，类型单一	通过后期建设可形成不同档次的旅游设施体系
旅游服务	社区居民好客度不高； 旅游服务人员培训力度不够	通过培养居民好客度和旅游服务专业培训提高服务质量
旅游产品	旅游产品单一，以观光为主	通过旅游开发可形成丰富多样的旅游产品

4.4 狼山旅游主题的选择

旅游小镇需要有一个明确的主题，尤其狼山镇没有稀缺性的旅游资源，并且处于长三角诸多旅游资源屏蔽之下的尴尬处境，发展之路步步维艰。因此，狼山旅游就需要从发展主题、发展模式上创新。狼山镇的旅游发展主题的选择需要从狼山自身的资源分析，根据市场的需求，寻找旅游发展的突破口。

狼山镇旅游资源的核心为三个方面：以狼五山和长江为主的山水风光、以广教禅寺为主的宗教文化、以啬园为主的张謇名人文化。从表面上看这三个方面的资源似乎没有共同点，但深入研究之后发现，山水、佛教、张謇的共同之处就是体现了一个"善"字。道家说"上善如水"、"至善如水"；佛教以"善"为本源；南通近代著名企业家张謇先生一生致力于公益事业，他认为"以国家之强，本于自治；自治之本，在实业，教育；而弥缝其不及者唯赖慈善"，"善"是一种企业家精神，因此，可将狼山镇确定为善文化主题小镇。

在国内将慈善理念注入旅游发展之中主要表现在旅游扶贫方面。2011年，宁夏启动"黄河善谷"的战略构想，目前已有数家企业投资，截至2011年年底，"黄河善谷"立德、弘德、厚德三个产业园区共签订投资协议75个，协议金额147亿元，落地项目12个，到位资金近8亿元。"黄河善谷"将为当地群众脱贫致富，特别是为残障人士就业开辟新的途径，有利于慈善产业和扶贫开发事业的有机结合[8]。

2011年12月23日至2012年1月3日，腾讯网在其网站上面开展了2011年度汉字全民决选，最终"善"字以压倒性优势夺冠[9]。这说明过去的一年中，由于"郭美美"事件而引起的全民对"善"的大讨论，从另一方面也说明人们对慈善事业的关注。

"善"为人之本性，在人们生活水平满足了物质生活方面的需求，精神方面的需求在不断增强，如果将旅游与慈善相结合，旅游者在

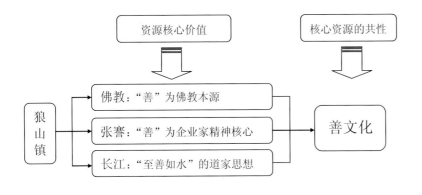

图5 狼山旅游主题——善文化旅游小镇

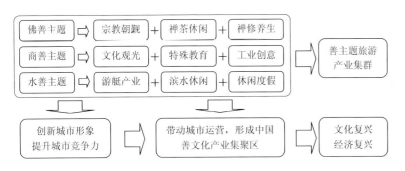

图6 狼山善文化小镇旅游主题体系

表3 狼山善文化旅游支撑项目

区域	善文化旅游项目
综合服务中心	中国善都主题广场、中国慈善演艺中心、南通文化展示等
紫琅山宗教文化旅游区	广教禅寺、文殊院、普陀别院、茶禅养生休闲区、禅修养生疗养社区、中华听经园、江南文化公园等
善都新城	南通特殊教育产业园、南通文化创意园区、张謇文化公园等
善文化园	私人博物馆群落、主题度假别墅、社区管理中心、企业休闲会所、搬迁居民安置区等
游艇国际社区	游艇俱乐部、游艇培训学院、游轮、游艇社区管理中心、游艇度假区、游艇、游轮码头等

享受旅途的过程中可以积善行德，何乐而不为呢？狼山镇处于经济相对发达的长三角地区，具有发展慈善的物质基础，因此将"善"作为狼山镇的旅游发展主题，不仅可有效提高南通的文化影响力，而且可通过这种模式探索中国慈善事业的发展路径。

4.5 善文化旅游产品体系构建

确定了主题，接下来就是如何将这一主题融入到旅游开发和建设之中，即如何构建善文化旅游产品体系。

狼山将旅游与慈善的结合是一种全新的旅游小镇发展模式，不等同于传统意义上的旅游扶贫，主要是继承南通近代企业家张謇的精神，以关注残疾人培训和就业为目的，构建中国善文化产业集聚区，形成南通市新的城市形象，全面提升南通城市竞争力，带动城市运营，实现南通市的经济复兴和文化复兴。旅游产品体系主要包括佛善主题、商善主题和水善主题三个方面，围绕"结善缘、行善事、修善心、扬善意"形成善文化旅游产业集群。

4.6 善文化旅游支撑项目

根据狼山镇的土地利用性质和资源特色，将狼山镇划分为五个区域，分别是一心（综合服务中心）、一山（紫琅山宗教文化旅游区）、一城（善都新城）、一园（善文化园）、一区（游艇国际社区）。"一心"是整个狼山善文化小镇的综合服务中心；"一山"是指狼五山，形成宗教文化为主题的观光体验带，周边配套以禅修、静养为主体的高端禅修产业集群；"一城"包括工业园区、南通大学城、体育会展中心、行政政务中心等，主要是实现工业园区的产业转型，该区域集中残疾人培训学校、残疾人文化创意园等；"一园"是以慈善为理念的高端生活和休闲社区；"一区"以高端游艇运动为基础，宣扬道家"至善如水"的理念，主要目的是吸引更多的企业家关注慈善和公益。

4.7 创新慈善运营模式

传统的旅游产业发展模式是以旅游业带动相关产业的发展，狼山善文化小镇的旅游发展模式不仅要通过旅游业带动相关产业，而且可通过旅游业发展带动慈善事业的发展。"郭美美"事件在国内引起了轩然大波，并由此而产生民众对中国红十字会的信任，部分企业家用于公益的资金可能会出现无处可捐的尴尬境地，狼山善文化小镇通过招商引资吸引企业投资特殊教育培训机构（如针对残障人士的职业技能培训等）、供特殊人群就业的企业等，而这些学校和企业本身就是核心旅游吸引物，以慈善事业拉动旅游业的发展，以旅游经济效益反哺慈善事业，形成良性循环，创造慈善示范效应，促进城市发展。

4.8 善文化氛围的营造

善文化氛围的营造不仅要通过软性的宣传，还要通过大型慈善演艺活动、善文化景观小品、标志性建筑、旅游标识牌等引导。根据不同的区域资源特征和设施基础设置项目，营造整个小镇的善文化氛围：

善都新城：慈善教育、残疾人职业培训、慈善总部基地。

善文化园：私人博物馆群落参观门票收入全部用于公益慈善事业，激起善心；引入慈善信托机构，吸引企业慈善基金进入，营造善文化氛围。

紫琅山宗教文化旅游区：以"佛善"理念烘托氛围。

游艇国际社区：以"至善如水"理念营造社区氛围；以俱乐部交流形式讨论企业家精神。

4.9 社区参与模式

从运营管理的角度，狼山镇可探索资源所有权和经营权相分离的机制，采取合作和联

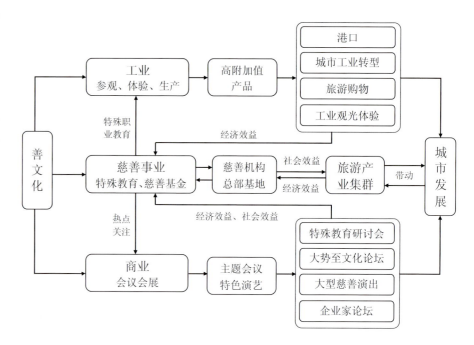

图7 旅游业与善文化产业互动模式

图8 由远及近为剑山、狼山、马鞍山（严登昌 摄）

营的方式，按照政府引导、市场运作、招商引资、社区参与的机制，利用投资企业的资金、技术、经营理念和管理模式来开发，成立旅游开发集团公司，还可引进国际发展比较成熟的慈善信托机构入驻，管理和经营慈善资金。

从社区参与的角度，由旅游开发集团公司作为前台接待机构，政府对其征收税款，并以专款形式反哺社区，以补偿对其现代化发展的限制。另外，旅游小镇居民可成立社区旅游管理委员会，作为社区居民的代表机构，协调社区居民、政府和企业的利益关系，起到监督作用。另外加强对社区居民旅游专业技术和参与意识的培训，培养社区居民的旅游服务意识和好客度。

图9 剑山和狼山（严登昌 摄）

5. 结语

在国家将旅游产业提升为国民经济战略性支柱产业和促进城乡一体化发展的大背景下，小城镇旅游将成为推动统筹和经济发展的有效途径。面对目前我国旅游小镇同质化开发形成恶性竞争的状况，历史文化型旅游小镇应根据其文化特色和比较优势，采取主题化发展的策略，强调旅游产品的独特性、个性化、体验性和参与性，注重社区参与，形成可持续的旅游产业集群，通过科学合理的管理体制和经营模式，若干年后将会出现一大批各具特色、主题鲜明的旅游小镇，巩固世界旅游大国的地位，创造"中国服务"的国际旅游品牌。

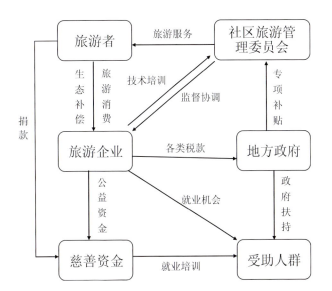

图10 社区参与模式

【参考文献】

[1] 孔凡文，徐玉梅. 论中国小城镇发展速度与质量[J]. 农业经济，2007（10）.

[2] 中华人民共和国行政区划统计表（截至2009年12月31日）. 中国行政区划网. http://www.xzqh.cn/sy/ONEWS_zq.asp?id=6012.

[3] 刘德云. 参与型旅游小镇规划模式研究——以金门金湖镇为例[J]. 旅游学刊，2008（9）.

[4] 李晓阳. 黑龙江省旅游小城镇开发现状与对策研究[J]. 商业研究，2008（8）.

[5] 张仁开. 旅游小镇：小城镇建设的创新模式——兼论上海郊区旅游小镇的发展策略. 小城镇建设，2007（7）.

[6] 周建明，张高攀. 旅游小城镇旅游资源开发与保护[M]. 中国建筑工业出版社，2009：25-32.

[7] 魏敏. 旅游规划：理论 实践 方法[M]. 东北财经大学出版社，2010：1.

[8] 宁夏黄河善谷聚百亿资金率先开启造血型慈善. 中国政府网. http://www.gov.cn/gzdt/2011-12/05/content_2010845.html.

[9] 2011中国年度汉字全民公决. 腾讯新闻. http://news.qq.com/zt2011/nianduhanzi/index.html.

The Development and Construction of Red Tourism Towns in the Old Revolutionary Base Areas: A Case Study of the Strategic Development Planning of Chengnanzhuang, China

革命老区红色旅游小镇发展建设初探
——以《中国·城南庄》城镇发展战略规划为例

文/倪碧野

【摘 要】

为新中国的解放和建设做出过重要贡献的革命老区，由于多处于边远山区，长期以来经济发展和人民生活落后于全国平均水平。近年来红色旅游的发展给革命老区带来了突破发展瓶颈的曙光，提供了一条又好又快的可持续发展途径。本文以革命老区河北省阜平县城南庄镇发展战略规划为例，提出了在革命老区红色旅游发展中具有普遍性和规律性的问题；论述了革命老区红色资源的深度挖掘整合，地区特色的打造；在革命老区发展战略规划中的目标定位设计，发展和经营的理念与模式；并强调规划实施的重要性，指明实施步骤和重点。文章最后指出革命老区作为红色旅游小镇，其旅游业的良性发展，将会为革命老区的经济增长和人民生活改善提供现实的可能性。在红色旅游小镇发展建设中，通过政府引导、市场运作、群众参与和社会力量支持帮助，革命老区将会焕发出新的勃勃生机。

【关键词】

革命老区；红色旅游；发展规划；城镇建设

【作者简介】

倪碧野　国家发展改革委员会城市和小城镇改革发展中心规划研究部产业室

图片提供：河北省阜平县县委宣传部　　　图1 城南庄晋察冀边区革命纪念馆

图片提供：河北省阜平县县委宣传部　　　图2 城南庄晋察冀边区革命纪念馆

前言

建国60多年来，为新中国解放和建设做出过重要贡献的革命老区多数因交通不便、自然资源匮乏、产业基础薄弱等因素制约，发展缓慢，人民生活水平处于全国人均水平之下。尽管近年来国家和有关省区给予重视，做了一些政策倾斜和投入，但是仍有很多老区无法摆脱贫困落后的现状，老区人民生活仍然停留在温饱线上，长此以往必将影响党和政府在人民群众中的威望，影响社会的和谐、稳定。胡锦涛总书记在党的十七大报告中特别强调区域协调发展，要加大对革命老区、民族地区、边疆地区、贫困地区发展扶持力度。因此，"十二五"期间推动革命老区实现跨越式发展，完成党的十七大确立的到2020年全面建成小康社会的奋斗目标刻不容缓。

实现革命老区又好又快发展急需找到能够推动老区跨越式发展的突破口。革命老区多为边远地区或山区，交通不便，经济发展滞后，但也正因为此，那里的生态环境相对保护良好，传统民俗内容丰富，同时又是红色资源的富集区，发展红色旅游为改善老区面貌提供了一条有效途径。随着中国旅游业大发展时期的到来，红色旅游发展得到了从中央到地方各层政府的更多重视，目前已被纳入《国民经济和社会发展第十二个五年规划纲要》、《国家"十二五"时期文化改革发展规划纲要》及其他相关规划，并于同期颁布实施了全国红色旅游二期规划《2011-2015年全国红色旅游发展规划纲要》。作为红色旅游资源富集地的革命老区如果能够充分挖掘其特有的红色文化底蕴，结合现代化开发手段，找到适合自身条件的城镇发展模式，将有机会突破革命老区发展瓶颈，在实现可持续发展的同时，提升发展速度，提高老区人民生活质量。目前许多革命老区已经抢抓有利时机，大力推进经济结构战略性调整，寻找自身的发展优势，提高自主创新能力，促进了老区经济又好又快发展。自2004年中央办公厅、国务院办公厅颁布《2004-2010年红色旅游发展规划纲要》以来，井冈山、延安、西柏坡等地作为发展典型率先推进，经过6年的实践积累了不少成功经验。然而革命老区发展的自然条件和发展基础参差不齐，发展的模式和思路自然有所差异。红色革命老区的旅游开发和建设又牵涉到区域经济、城镇建设、旅游产业、历史文化、三农问题、环境保护、可持续发展等一系列问题。因此，在红色文化丰厚的革命老区，特别是一些小城镇地区，如何使红色旅游从一开始就走入适合自身基础条件的良性轨道，趋利避害，避免或尽量少走弯路，合理、科学、因时、因地制宜的规划就显得尤为重要，应该被摆在首当其冲的位置，予以充分的重视。河北省阜平县城南庄镇在旅游开发起步阶段即对规划设计给予高度重视，其战略规划基本设计理念和实施步骤等方面都有值得相关区域借鉴之处。

本文即结合城南庄发展战略规划实践案例，提出革命老区红色旅游小镇的发展要依靠红色旅游资源的深度挖掘整合打造地区特色，确立明确主题定位，并遵循可持续发展理念，找到最符合自身特色的发展模式。文章最后强调规划实施的重要性，并为规划落实指明实施路径。

一、红色资源的深度挖掘整合打造地区特色

红色资源是指在中国共产党领导的革命斗争中做出过重要贡献的，有着深厚革命精神内涵的纪念地、纪念物和标致性革命文物。发展红色旅游，首先要抓住不同地区的不同红色资源特色，深入挖掘整合，使其形成不可复制和替代的资源优势。

以河北阜平县城南庄镇为例。城南庄位于晋冀两省交界，地处太行山腹地，南依胭脂河畔，是个山水环抱的村落。这个看似名不见经传的小山村在中国革命和解放史上的地位却不可小视。它曾经是第一个敌后抗日根据地晋察冀抗日根据地司令部所在地，并且作为晋察冀边区首府，在聂荣臻元帅部队驻扎的11年间，这里设有边区银行、晋察冀日报社（《人民日报》社前身）、八一小学等，可以说形成了集政治、经济、文化为一体，有比延安更为完整的民主政权。晋察冀边区所创立的崭新的民主制度和完善的建制为新中国的建设积累了十分宝贵的经验，孕育了新中国的雏形。

1948年4月毛主席曾入驻城南庄的这段历史更是鲜有人知。短短的46天内，毛泽东在这里召开了土地改革和整党工作会议，确定了新解放区的土改政策；发表了"五一口号"，明确提出"各民主党派、各民族团体、各社会贤达迅速召开政治协商会议，讨论并实践召集人民代表大会，成立民主联合政府。""五一口号"是一道建立新中国的动员令，它的发表得到了社会各界特别是民主党派的热烈响应，许多著名民主人士纷纷从国统区或海外取道北上，参加此后召开的中国人民政治协商会议，为新中国建设出谋划策。党中央还在此召开了中央书记处扩大会议，史称"城南庄会议"，毛泽东、周恩来、刘少奇、朱德、任弼时五大书记参会，毛泽东等人审时度势，采纳粟裕大将意见，调整了南线战略，暂不渡江南下，集中兵力在中原黄淮区域打歼灭战，为此后三大战役的胜利奠定了坚实的基础。只是后来因为国民党特务的告密，国民党组织了对毛泽东驻地的空袭，毛泽东才撤离了城南庄，前往西柏坡。否则这里可能就是党中央在农村的最后一个根据地。城南庄是一本活生生的中国革命历史教科书。在中国广袤的版图上，城南庄虽小却在中国革命历史上有它特殊的重要位置。

作为红色老区，城南庄镇域内拥有大大小小26处革命遗迹，随着2000年以来全国红色旅游的陆续开展和不断完善，城南庄也开始走入发展红色旅游之路。2005年晋察冀边区纪念馆揭幕并成为了阜平县的红色旅游的重点发展地区，目前纪念馆二期也已建成开放，并作为国家4A级景区和爱国主义教育基地，每年接待10万人左右的参观者。然而仅仅以单体纪念馆形式展示红色资源并没能给城南庄带来经济社会效益。旅游景点单一、单体规模小、缺乏配套服务设施，无法形成吃住行游购娱完整的产业链留住消费者，因此旅游业发展一直比较缓慢。其中不得忽视一个重要问题在于，这里丰富鲜活的革命故事和具有重大历史价值的革命遗迹没能形成城南庄独具特色的红色品牌，没有对广大游客形成旅游吸引力。长期以来红色文化定位不清晰，红色资源缺乏深度挖掘与整合，丰富的红色故事、红色档案的整理开发和宣传得不够等都是造成城南庄红色影响力不足以支撑红色旅游蓬勃发展的主要原因。

随着2012年西阜高速（西柏坡－阜平）的开工建设和保阜高速（保定－阜平）的建成通车，阜平县城南庄镇的区位交通优势将得到极大提升；同时大西柏坡总体规划的颁布实施也将对处于辐射范围内的城南庄镇红色旅游发展带来前所未有的机遇；再加上国家层面对旅游文化产业的鼓励扶持和政策倾斜，城南庄镇如能在机遇期找准自身定位将迎来自身发展的重大机遇期。

全国类似城南庄这样的具有独特红色资源的小城镇还有许多，要想使其资源得到有效开发利用，造福老区人民，自身资源的深度挖掘整合是一方面；另外，其发展迫切需要符合更高层面的规划要求，从区域资源整合的角度，找准自身未来的发展定位，实现可持续的良性发展。

二、发展战略规划中的目标定位设计

在制定发展战略规划中，革命老区发展红色旅游的核心问题是给予发展明确的目标定位。革命老区作为红色旅游小镇发展，主要依托其鲜明的红色旅游资源特色带动其他产业的发展，带动百姓就业和人均收入提高，同时带来爱国主义教育、弘扬老区革命传统，创建老区社会主义和谐社会的社会效益。

围绕这个核心理念提出了以下发展对策：

1、将旅游规划与城镇整体发展融会贯通。旅游规划是城镇整体发展规划的一部分，必须与全域经济社会发展相协调，相匹配，使旅游产业真正融入城镇发展，成为带动百姓经济收入增长、生活水平提高和保障城镇可持续发展的一个组成部分。就城南庄而言，即是要在大交通条件改善和大西柏坡旅游战略全面实施的背景下，以红色旅游为主线，充分考虑城南庄本身红色旅游资源优势和长期以来发展缓慢的制约因素，将红色旅游发展放在区域发展建设中考量，并且结合地方实际，将旅游业与文化产业相结合，与农业、工业、服务业联动发展，并将整个产业发展与城镇空间形态布局

图3 城南庄镇战略发展思路示意图

图4 城南庄镇资源分类示意图

相协调,力争吸引更多当地群众参与其中,最终达到通过发展红色旅游促进城南庄经济社会健康可持续发展的目标。

2、旅游小城镇开发中的主题定位设计。 以鲜明的主题形成吸引力和竞争力,同时也使之产生独一无二的不可替代性。综观中外知名古镇建设,无不具有鲜明的主题特点。前面提到当前城南庄红色旅游发展中存在的最大问题即缺乏鲜明的主题特色,而全国以红色为主题并且已经形成一定影响力的小城镇已有许多,紧邻城南庄的西柏坡资源优势就很明显且发展势头正劲。因此,城南庄必须寻找自身资源优势,深度挖掘整合特有的红色文化内涵,在强调与西柏坡历史地理联系的基础上寻找差异,形成与西柏坡的错位发展。

在如何确立城南庄红色旅游发展主题的关键环节上,通过反复研究论证,形成了以下与西柏坡既有联系又有鲜明个体特色的主题设计。"新中国从这里走来:西柏坡;新中国在这里孕育:城南庄"。城南庄鲜明的红色资源特色通过与西柏坡的联系和差异得到体现,同时结合其绿色生态资源(如图4所示),形成红与绿的结合。

三、发展和经营的理念与模式

在目标定位明确的前提下,发展和经营的理念与基本模式也是规划中不可或缺的重要组成部分。通过红色旅游小镇建设提高革命老区的经济发展速度,在获取经济效益的同时,兼顾社会事业与环境保护,实现经济社会环境可持续发展,是发展革命老区红色旅游应该遵循的基本理念。结合这一理念以及资源特色,在城南庄的发展战略规划中突出了"红"与"绿"的有机结合,"红色老区,绿色发展"为红色老区注入一股绿色可持续发展的生命力。这里的绿色不单单指传统意义上的自然生态环境,更是一种低碳生态的发展模式,一种协调可持续的城镇发展途径。

1、开发与保护并重,实现可持续发展。 红色文化资源是红色旅游小镇旅游业开发的基础,在将红色文化资源转变为可供开发利用的旅游资源的过程中,首先是在特色红色旅游主题下对红色文化资源的深度挖掘与整合;其次是要开拓文化资源展示渠道,从客源市场出发,结合老中青少不同年龄层次的游客的不同需求,形成集观光、学习、互动、休闲等多种旅游形式为一体的综合游览区;同时结合地域特色和生态资源扩充旅游项目。必须要引起充分注意的是,这种深入挖掘和整合不能无限度地开展,必须坚持在保护中开发和在开发中保护的理念。城南庄目前存在许多红色历史遗迹保护不足的问题,诸如花山村毛泽东旧居、晋察冀日报社旧址、邓拓旧居等。这些具有历史文物价值的重要遗址,在抢救和修复的同时,要研究论证其历史价值和修复方案并制定修复和使用计划,历史文物资源的保护必须列于开发之先。对于镇域内美丽的太行山生态环境和百姓淳朴的生活形态也需要持续保护和有限度地开发,使红色旅游更具绿色生态和人文价值。

2、构建以红色旅游为主导,其他产业为补充的完备产业体系,实现镇域产业联动发展。 红色旅游发展不仅需要结合绿色生态,还需要结合镇域内其他产业,形成为游客提供吃、住、行、游、购、娱完善服务的旅游综合体,力求构建以红色旅游为主导、生态农业为补充、商贸服务业为配套、新型工业为支撑的现代产业体系。例如,城南庄的万亩枣园目前建设已经初具规模,可作为未来建设旅游休闲型、生态观光采摘型以及结合农家乐等发展模式的一个基地。利用这个基地,做好特色

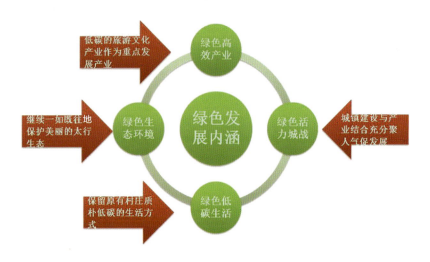

图5 城南庄镇绿色发展内涵示意图

农副产品深加工,提高相关产品的附加值。带动农业结构优化调整,形成农业龙头企业,推进特色农业基地建设,形成旅游产品的特色品牌。当然,在红色旅游小镇发展规划中不能脱离现实地还存在一些在短时间内难以改善的问题。如城南庄目前镇域内包括石材加工及铁选行业等工业项目对旅游环境造成一定影响,但短期内地方没有这类工业项目作支撑,很难解决现实的经济发展及地方百姓的就业问题,因此工业发展不能停。但是走新型工业化道路是必由之路。针对这一问题,规划中提出推进石材加工产业优化升级,促进产业规模化、高效化、品牌化生产,积极培育以新型建材为主导的接续产业等内容。力争采用集群式、延伸式及循环经济发展模式,使其成为旅游文化产业发展的有力支撑。商贸服务业是旅游发展的基础,城南庄的规划强调打造阜平商贸服务业次中心服务功能区的概念。打造功能相对完善的多层次商贸服务体系,使之不仅满足地方百姓的相关需求,同时为前来休闲度假的游客提供吃、住、行、游、购、娱等全方位的旅游服务配套。

3、改善旅游交通环境并串联周边成熟旅游景区,形成区域联动发展模式。 旅游地区的主题突出,特点鲜明尽管重要,但旅游作为外向型产业,如不与周边地区合作发展形成互补则弊大于利。因此,与周边地区特别是周边旅游景区的交通体系的建设以及交通环境的改善至关重要。城南庄在规划中一方面注意到短期内城南庄的对外交通将由于西阜和保阜两条高速公路的建设得到明显改善,同时也提出目前存在的道路客货混运现象还比较突出,旅游交通环境亟待改善,镇域内旅游资源的交通连通性仍然有待加强等问题。指出从长远发展看,河北省是红色旅游大省,除最著名的西柏坡位于石家庄以外,保定无疑是红色旅游资源最为集中的区域。保定区域内其他红色旅游景区发展相对成熟,主要包括白洋淀、易县狼牙山、冉庄地道战、唐县白求恩纪念馆等。只要城南庄不断强化与周边红色景区的关联度,力争在北京-保定-石家庄这条国家级红色旅游精品线路上占有一席之地,与周边相对成熟的红色旅游景区捆绑营销,必能逐步成为这条旅游线路上不可或缺的重要节点,形成区域旅游的联动、互补和多赢关系。

4、充分调动社会资源,协调好政府、开发商、居民及旅游者之间的关系,形成多赢发展的局面。 红色旅游小镇的建设和运营与其他旅游小镇的最大区别在于,政府开发占据绝对主导地位。然而这种形式产生的弊端也逐渐显现,主要表现在过度的行政干预使市场力量得不到充分发挥,因此发展活力不足。在产品的打造、包装、宣传、后续服务等方面,政府也往往存在滞后性,而开发商的市场运作以提高收益为目标,尽量为游客提供较为完善的服务,较快满足游客需求。因此在融资、产品打造、营销、评估、经营等各个环节上重视市场的力量,发挥开发商的优势和作用显得尤为重要。然而,政府重视地方经济发展、开发商企业以盈利为出发点、居民从自身生活需求角度认识,旅游者更多的是考虑自身的旅游体验,正是由于思考角度的不同,因此在小镇开发建设过程中,必须以尊重各方利益为原则,平衡处理好各方关系,最终实现多赢发展,这一点在规划中要给予一定的关注。

四、规划设计中的战略实施步骤和重点

规划中的实施步骤和战略重点是地方推进规划平稳有序落地的保障和抓手。红色旅游小镇的发展建设是系统工程,规划中必须制定明确的实施步骤、近中远期工作重点以及有效的实施途径,避免项目出现无法推进或者重复建设等情况。

1、开发建设兼顾整体性与时序性。 旅游小镇的发展是一个系统的工程,红色旅游小镇也不例外,因此在规划之初既需要形成整体开发的思路,同时根据资源分布和资金持有状况制定分阶段实施方案,重视开发的时序性。城南庄的规划中根据开发的时序性将旅游文化产业空间分为核心区、控制区和拓展区。如图所示,镇区即纪念馆所在地以及其西侧西阜高速引线新镇区位置为近期开发重点,使其成为"核心区"。以西部马兰村为中心则先以保护为重点,特别是晋察冀日报社旧址、马兰惨案纪念碑等具有重要历史价值的古迹,结合马兰小乐队(由邓拓同志之女邓小兰老师组建,当地青少年组成)适当开发,打造"红色马兰、音乐马兰、生态马兰",使这个区域成为"控制区"。"拓展区"主要包括镇域其他仍具有开发潜力区域,例如北部花山、南部的领袖温泉等,近期以保护为主,为未来进一步拓展,

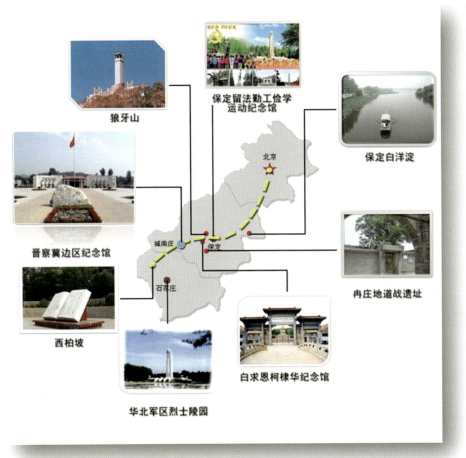

图6 城南庄镇区域成熟红色旅游资源串联线路图

并结合生态旅游开发留有余地。近期为能集中力量在核心区域聚集商气和人气，留住更多的游客，可以将控制区与拓展区的旅游资源在对外宣传推介上，与核心区项目一并推出进行展示，以达到预报和展望的效果。

2、规划实施初期将旅游推广和投资促进作为工作重点。 如上文提到的主题形象是红色旅游小镇发展的核心，因此主题形象的树立和宣传在开发初期应作为重中之重，并且贯穿始终。宣传上的成功不仅能吸引更多游客的注意，产生旅游冲动，也能吸引更多投资方的兴趣，吸引更多人流和资金流的进入，形成旅游发展的良性循环。"中国·城南庄"：新中国在这里孕育，作为城南庄的宣传定位，强调了城南庄在中国革命史上的重要作用和历史功绩是不可取代的，要想了解中国共产党的这段历史城南庄是不能不去的地方。这样不但吸引更多进行党史教育的团体和对革命历史文化感兴趣的人到城南庄，也能吸引一些革命先辈的后代子女如邓小兰女士利用他们的人脉资源，为城南庄旅游建设投入更多的人力和物力支持。

3、争取相关政策资金扶持及机构支持。 红色旅游的发展得到国家战略层面的支持，朱之鑫在2011年全国红色旅游会议上的讲话上强调，"中央已将红色旅游发展纳入《国民经济和社会发展第十二个五年规划纲要》、《国家'十二五'时期文化改革发展规划纲要》及其他相关规划，各地也要将红色旅游发展纳入本地区'十二五'经济社会发展规划和相关行业发展规划，在人力、物力、财力等方面落实保障措施"。在《关于支持和促进革命老区加快发展的若干意见》中提出的着力推进老区产业集聚和优化升级，其中也有"大力发展红色旅游"的相关内容。已经列入国家"十二五"规划红色旅游经典景区和红色旅游景点的地区，可以积极争取中央投资和安排省级扶持资金。同时，探索机构支持对像城南庄这样的拥有众多中央国家机构前身的小镇来讲更具优势，是一条可行的有效途径。机构支持的途径可以多种多样，如通过帮助修缮维护历史遗迹，保留机构的历史根基；组织新员工寻根溯源，进行革命传统教育，加强对机构历史文化厚重感的亲身体验；或设立培训基地，定期组织学习交流；与当地的中学小学建立帮扶和支教关系等。

4、以项目作为抓手使红色旅游文化产业形成旅游产值。 旅游资源不等于旅游产业，旅游产业也不等于旅游产值。对于红色旅游来讲更是如此。因此，探索旅游资源产业化、市场化，并结合地方特有的文化资源，通过旅游与文化融合，丰富红色旅游产品。同时，探索文化产业园区项目建设与城镇建设同步发展，发挥文化项目产生的集聚效应，托起旅游文化产业发展，提升红色旅游产业化水平，最终使得红色旅游文化产业形成产值，真正成为地方发展的重要经济支撑，为地方及百姓带来实实在在的经济效益。以城南庄为例，可以通过旅游元素走出纪念馆的形式，将馆中资源转化为商品，形成效益，并结合城镇建设，尽可能多地将其转化成百姓收益。如修建红色社区，并在其中设立"边区银行"印制边区纪念币、复制晋察冀报等，作为纪念品出售。同时结合农家乐开发地方特色菜品，利用当地特产开发红枣系列产品等特色旅游项目与旅游产品。开发的过程中，要保证当地群众能够参与到旅游文化产业发展的各个环节中，并从中获益。同时重视太行山生态环境的保护，防止打着发展现代化的旗号，肆意破坏环境以及当地群众朴实平和的生活状态。

五、结语

革命老区红色旅游小镇发展建设这个命题的提出，不仅对我国区域旅游行业的发展拓展了一条渠道，而且为向全国人民，特别是青少年进行爱国主义和革命传统教育提供了生动的

特色化旅游小镇　*Characteristic Tourism Towns*

晋察冀边区革命纪念馆提供

图7 旧址前院

晋察冀边区革命纪念馆提供

图8 晋察冀边区革命纪念馆

场所，更为重要的是为革命老区的经济快速发展和人民生活的改善提供了现实的可能性。在红色旅游的发展中，=政府引导、企业市场运作、群众积极参与和社会力量的支持帮助，使革命老区焕发出新的勃勃生机，增强了党和政府的凝聚力，为社会主义和谐社会建设作出了革命老区的新贡献。但是目前革命老区红色旅游小镇发展建设还处在一个初级起步阶段，存在的困难和问题不少，特别是因为地域和发展基础的差异，发展模式和途径也是各有不同。需要对不同地区的个案进行深入跟踪研究，以便因地制宜使革命老区红色旅游小镇发展建设走上一条良性的可持续发展轨道。

图9 城南庄镇旅游空间开发示意图

参考文献

[1] 李明德. 浅谈红色旅游[N]. 人民日报海外版，2002-07-03.

[2] 刘筱秋. 把红色旅游业发展成构建和谐社会的动力产业[J]. 中国旅游，2008（5）.

[3] 谷玉芬. 红色旅游成功因素分析[J]. 商业经济，2006（2）.

[4] 唐留雄. 中国旅游产业转型与旅游产业政策选择. 旅游管理，2007（3）.

[5] 吴必虎，余青. 红色旅游开发管理与营销[M]. 中国建筑工业出版社，2009.

[6] 王晖. 红色旅游特色商品开发的原则与策略[J]. 商场现代化，2010（2）.

[7] 许汉琴. 革命老区红色发展对策. 八七会议会址纪念馆，2011.

[8] 杨少雄. "红色圣地"走向"红色旅游基地"[N]. 经济参考报，2010-12-01.

[9] 尹晓颖，朱竑，甘萌雨. 红色旅游产品特点和发展模式研究[J]. 人文地理，2005（2）.

[10] 尹贻梅. 对旅游空间竞争与合作的思考[J]. 桂林旅游高等专科学校学报，2003（2）：56-60.

[11] 喻彩霞，张河清，陈宁英. 中国红色旅游研究综述[J]. 桂林旅游高等专科学校学报，2008（2）.

[12] 张云，刘荣凤，姜海凤. 旅游小镇的形象定位探讨[J]. 现代经济，2008（7）.

注：《中国·城南庄》城镇发展战略规划系中国城市与小城镇改革发展中心规划研究部于2011年编制，并于2012年2月与城南庄县委、县政府及有关部门举行了规划论证。

特色化旅游小镇　*Characteristic Tourism Towns*

Simple and Complex: the Attractions, Product Design and Management Patterns of Zhuhai Imperial Hot Spring Resort

简单与复杂：珠海御温泉度假村的产品设计与管理模式

文 / 江伟俊

【摘　要】
创新是把简单的东西复杂化，管理就是把复杂的东西简单化，这是御温泉十多年来总结出来的产品开发与经营管理的主要表达。

【关键词】
珠海御温泉；设计理念；管理模式

【作者简介】
江伟俊　珠海御温泉国际筹划总监

本文图片皆由作者提供

图1 御温泉外景

1. 御温泉度假村概述

珠海御温泉度假区位于距珠海市区45km的黄杨山西麓，于1998年开业，以天然温泉、斗门风土、中国文化为基础，开发出数十种温泉供宾客泡沐，建成改良风格的简约式唐风建筑供宾客入住休憩，提供田园特色餐厅和斗门风味膳食供宾客品用，独创出具有奇特体验的太医五体供宾客养生健体。以"御式服务"为服务特色，带给度假者不同寻常的假期体验。

御温泉的泉水资源发现和利用已有1300多年历史，出水口水温在68℃~72℃之间，属高温偏硅酸型温泉，含有偏硅酸、锂、溴、硒、铁、铜、锶等丰富的有益于人体的矿物质，它是大气降水渗入地壳断层深处，在长期地热、地温的影响下，与地层深处各种矿物元素渗透融合，又在地层压力、空间引力等各种物理作用的影响下，经过长期演变运行，才渗透至地表浅处喷出。

从珠海御温泉度假村走出的御温泉品牌，在全国温泉度假养生领域具有很大影响。被誉为"中国温泉旅游产业的开创者"、"中国温泉旅游产业的引领者"。度假村曾主办中国温泉旅游高层论坛、制定了中国首部温泉旅游地方标准、编撰了中国首套温泉旅游高等教材、独创了中国温泉纯正泡法、首建了温泉旅游管理人才资格认证机制。

御温泉度假村由御温泉国际度假酒店管理（集团）有限公司经营管理，励邦英雄旅游管理咨询有限公司策划设计。目前在御温泉品牌之下，已经发展成为拥有珠海御温泉度假村（本部）、陕西华山御温泉度假村、陕西太白山御温泉度假村、河北石家庄国大御温泉度假村等的连锁品牌企业群。

2. 御温泉策划和设计定位

御温泉策划和设计的定位是：以住宿为主导，温泉为核心，创新为手段。御温泉规划及产品设计的最终目标是：不是从一般需要配套项目、提供功能产品，而是要从为客人创造一种自然、轻松、自由地享受温泉产品的生活氛围，营造一种心态。只有这样的功能规划和产品设计，才能够为不同的人，在不同的时期，满足他们不断变化的需求。产品的可持续更新不是仅通过硬件的改造完成，而是以多种方式实现的。消费者的体验感觉才是对产品的最终定位。为度假者准备一个符合其偏好需求的环境和氛围，比众多的项目设施更为重要。在这种思路下，御温泉的整体规划及产品设计，遵循的是以住宿为主导、以温泉为核心、其他休闲功能融于其中的原则。换言之，"我们提供的是给客人更多想象空间，更多创意生活的元素，而不仅仅是项目"。

住宿和温泉对于客人而言是最基本也是最重要的两个功能和概念。住宿、睡眠、休息对于每个人而言是最熟悉不过的事情，如何能够产生吸引力？不能单靠奇特或者奢华，应该是一种新鲜的舒适感和归属感，要让住宿变成一种自由的、舒放的、魅力的、具有变化的体验。温泉，是整个产品体系中的核心，也可以说是核心卖点，泡温泉只是一种行为，甚至只是一种项目。让温泉充分地融入客人在这里的休闲生活才是发展方向。御温泉提出的"温泉生活"概念，正是把温泉视为一个休闲生活的元素展开的。以小汤镇为代表，小镇的历史人文、环境布局、项目设置，都充分地把温泉和小镇休闲生活完全地融合在一起。

对于产品，御温泉坚持的是创新，一种合理的、以小见大的创新思路，并非哗众取宠，并非标歧立异。御温泉的产品创新和创意随处可见，往往让客人惊喜惊奇之余，皆会心微笑。御温泉的创意，往往是融入了御温泉暖暖的待客之情。如同一泓暖泉，给客人是自然的放松、欢乐，换来客人的欣赏、赞同和回味。

3. 御温泉产品创新体系：把简单的事情复杂化

御温泉在创新养生产品过程中，秉持一种"纯粹中国·纯正温泉"的理念，通过"把简

图2 小汤镇得德汤馆

单的事情复杂化"，挖掘、拓展、延伸了一系列温泉度假产品和运行流程。

3.1 纯粹中国与纯正温泉的创新观

纳取与创新，乃御温泉生命力所在。御温泉的产品开发秉持的第一个原则就是努力使产品根植于中国传统文化、传承中国正统的温泉养生技艺。御温泉根植于中国文化，秉承中国温泉文化之尊贵品质，传承正统。另一方面，也要弘扬中国温泉文化，探索领步中国现代温泉养生的技术与服务方式，于传统之上推陈出新，形成贵气亲和的中国新温泉文化。"六福汤N次方"开加料温泉先河，"太医五体"独步温泉养生圣殿，"御泉道"让温泉沐汤成为艺术。

御温泉的温泉水是大气降水渗入地下，通过断裂带与深部岩浆热源沟通形成高温地下水，高温水通过断裂带运移到浅部，期间要经过40多年的漫长过程，最终在地表切割低洼地面露出形成温泉水，无加温、无重复利用、废水统一收排。通过这种利用和处理工程，为顾客提供最为纯正的温泉品质。

3.2 御温泉露天泉池设计理念

3.2.1 中国地理概念表现

御温泉露天泉池在总体布局上，以华兴池、毓祥泉、音波喷射泉、热身泉4个汤泉共同构成完整的中国版图，大气磅礴，环观中国。

华兴池。位居御温泉"三"最：位处最中心地带、面积最大、水量最多。水位西高东低，水温北温南热，寓意中华民族的繁荣兴旺。更有根据人体曲线设计的坐卧床，舒适有趣。

毓祥泉。钓鱼岛板块，一个立于地面的大木桶，造型独特，乃为纪念香港保钓爱国人士陈毓祥先生而建，弯腰于木桶中取水，行如鞠躬，寓意对陈先生的崇敬之情。

音波喷射泉。台湾岛板块，温泉水从池侧持续喷出，不同高度的温泉"音波"对准人体穴位进行全方位喷射"按摩"，既舒服，又有活络之效。

热身泉。海南岛板块，温泉水温最接近人体温度，有利于缓解水温与体温之差对人体形成的刺激。

3.2.2 中国文化理念的体现

一部分泉池的设计从中国文化底蕴、养生保健功能等角度进行策划、设计，给旅游者提供多功能、多目的的使用与体验机会。

三合风吕。参悟中国传统文化精髓的三角形美学设计，象征天地人合一。三个角度水位不同、温度各异。微漾的水波，透出智者若水的东方智慧；明暗的灯影，仿若写意的哲思。

瀑布泉。瀑布倾泻的是冷水温泉，跨过瀑布下的石头墙，是全场温度最高的热水温泉，冷热交替，刺激神经，强身健体，其乐无穷。

万寿阁。御温泉的温泉养生之所，人们泡完温泉，可到万寿阁做调养项目。在古典幽雅的万寿阁二楼，客人躺在木椅上，听着丝竹音

图3 三合风吕

3.2.4 情境温泉：以园林景观为重点、景泉结合平添效果

情境温泉独具特色，以景为重点，一池一景，一房一景，内景与外景相配，建筑与自然和谐。人在景中，景随人变，不同人、不同心境，有不同的景，情与景的交融便成为情境。有情的地方，有景的生活，情境温泉以尊尚生活态度，拥抱自然无限秀色。

至尊泉。凸显尊贵、坐拥美景。完全独立私人空间，供身份及地位尊贵的客人享用，温度由顾客亲手调控。由休息间、洗手间和露天温泉池组成，房间内配备电视、电话。位置绝佳，可透过玻璃观赏窗外美景。

隐泉山房。众人皆现我独隐，由8间完全独立、分隔的露天汤馆组成，每个汤馆青砖灰檐，绿树成荫，独享私密的温泉时光。

3.3 探索科学纯正温泉泡法，创建中国特色温泉艺道

御温泉独创的纯正温泉泡法是一种科学的温泉沐浴方式，讲求一定的顺序和规则。纯正泉泡法，规范了温泉养生的流程，使得温泉沐浴更加科学合理。泡法强调温泉沐浴过程中的细微科学原理与专业程序，主要有四个过程：沐前经络疏导、沐浴纯正温泉、沐中养生调理和沐后肌体护理。

沐前经络疏导。这是泡温泉前的准备工作。就像喝水需要张开口一样，泡温泉也需要打开身体的经络、毛孔、穴位，把身体调整至很放松的状态。沐前打通经络毛孔更利吸收，沐前经络疏导能在泡温泉前打通经络和毛孔，促进身体更好地吸收温泉水的养分，更好地享受到温泉带来的妙处。

沐浴纯正温泉。经过了沐前经络疏导，身体已处于一个非常适合泡温泉的状态。这时进入温泉池，享受经地底数十年时间形成的原汁原味的纯正温泉，感受那些蕴涵丰富文化、趣味及养生功效的温泉。

沐中养生调理。亚健康是个普遍的话题。因环境污染、工作压力、生活压力、缺乏运

乐，由太医进行五体调理，用草本浸泡手足，以桃木工具梳理经络。让人仿佛身处皇宫大殿，享受着太医们的细心调理。

3.2.3 加料温泉：温泉水养生成分创新

所谓加料温泉是指在天然的温泉水中加入特殊的配料，与温泉水质有机结合，从而使温泉能够更好地发挥其医疗保健美容之功效。加料温泉在当代温泉生活里已成为一种十分普遍的产品类别，基本上在每个规范的温泉企业里都会有加料温泉产品形式。加料温泉的出现，一方面丰富了温泉产品的种类，另一方面也使得温泉养生的功效范围愈加广泛。

六福汤N次方。御温泉代表性汤泉，也是加料温泉的典型。御温泉创造性地往温泉中"加料"，结合中医药理论，研究出数十种不同的中草药配方，按照子、丑、寅、卯、辰、巳、午、未、申、酉、戌、亥12个时辰，每隔两个时辰轮流换放不同系列的对人体有保健养生功效的草本植物，如此6个温泉池一天可衍化出36种不同功效的泉池，一年时间则能够衍化

出13140种不同功效的泉池，又加上温泉泡沐顺序的不同，变有限为无限，称为"N次方"汤泉养生产品系列。

香薰"泡泡"汤。每两个时辰更换一种植物香薰，因加入香薰时水面会冒出泡泡，故名为香薰"泡泡"汤。其邻近六福汤，人们通常把它与六福汤结合起来泡。

名酒汤。每两个时辰更换一次温泉水和酒。幽静的四小池之一。酒香怡人。此池建有木亭，旁边有桌椅供客人休息。

名花汤。每两个时辰更换一次温泉水和粉。位于四小池的里角，犹如深山名贵之花。形如人眼，明眸善睐。池边种有花，花瓣飘落温泉水中，更为名花汤增添灵动。

咖啡泉。有着咖啡的深色和浓香，圆形的泉池犹如一杯咖啡，泡于泉中，就像全身在品味咖啡。

名木汤。每两个时辰更换不同的木香。源于远古时代的沐浴疗法，利用温泉水的功效，配以功效各异的香木，木香缭绕，身心舒泰。

图4 御泉阁

动、缺乏保养而引起的各类不适,常常困扰着人们。沐浴温泉后,温泉的养分被身体吸收,身体也处于舒张状态,这时针对身体状况进行养生调理,效果显著。

沐后肌体护理。泡完温泉,人体毛孔受热张开,肌肤的矿物质与空气接触容易氧化,泡温泉的功效就大打折扣,且外界风寒、微尘也容易侵入。在这个时候肌体需要养护,增加保护膜,使泡温泉的效果更持久。沐后肌体护理则可完美地解决,它如同给肌肤增加了一层保护膜,让沐汤效果更持久。

御泉道,让温泉沐汤成为艺术。御泉道即沐汤的讲究、修养,是高度精神层次的向往,称为沐汤艺术。沐汤是一种健康体验,沐前、沐中、沐后都有讲究。沐汤也是一种修养,感悟汤药潜藏的内涵与文化,使心灵得到升华。

3.4 太医五养

太医五养是指对身、气、颜、元、性五方面的调理和滋养。御温泉万寿阁里的太医五体调养,包括对身体的调理和滋养。太医五体源于太医五养,依个体健康特征,结合温泉泡汤及养生膳食,以太医五体之全息、调理、沐汤、膳食之道,施行全面调养之法。主掌太医为唐太医之嫡传,自幼师祖上秘术,精养生、知保健、善推拿,且自创五行测疗、太医五诊、桃木调理、养生歌诀,以数十载家学为度假者提供健康旅游服务。太医五体融入中国古法养生文化,成为专业的温泉养生调理,是中国温泉养生新文化的重要组成部分。

太医五养的四个程序如下:全息养生法由太医五诊探问体情,为个性调理提供依据,提出由沐汤、调理、膳食相结合的综合调养过程。调理养生法含饮吉祥茶、太医先诊后调、五行塔测疗、双龙戏水、龙浴天池、开天门、阴阳八卦槌、双手布穴、过冷河、热敷颈腰、手部孔穴与经络导引、大唐本草泡足浴手,以及木痧、木槌、木梳、木轮调理,饮万寿养生酒等过程。沐汤养生法通过泡沐达到调养的功效,御温泉所有汤泉,都属于太医五体沐汤的范围,既可在露天温泉区进行,也可到小汤镇汤泉进行。膳食养生法以太医调养理论为指导,融合各种菜式,取私家农庄有机食品,御温泉的御食坊、咸淡水寨都可提供这类膳食服务。

桃木调理。取材于古桃木的调理工具,经名刹开光,对于信仰佛教的游客来讲具有暗示疗效。根据桃木的形制可分为手盆、木针、木痧、木梳、木槌等不同调理器具。手盆瓢形舒适,深浅有致,用于草药泡手。木针或锐

图5 小汤镇和合汤

或钝，形如针灸，用以激压穴位。木痧弯弯如月，形如痧板，用来刮理经络。木梳齿宽扁平，形如梳子，用于梳活神经。木槌精巧圆润，锤音咚咚，敲击震醒天门。

4. 御温泉住宿系统设计理念与景观特征

御温泉的住宿系统由约式唐房、情境温泉房、小汤镇等几部分组成。各个部分的建筑设计风格、主体功能和市场客群各有不同，构成与上述温泉养生产品相互呼应、紧密结合的物理载体和心理空间。

4.1 约式唐房

约式唐房主要集中在御瀛庄区域。御瀛庄外观依欧陆风格设计，内部以盛唐风格装修。约式唐房，内以木为主材，以帝王风格相近的温馨色调为主色，加上地式铺床，典雅装饰，让人仿佛回到了千年前的那个盛世唐朝。踏着清脆的木屐，打开木格门，推开窗牖，呼吸乡野气息，眺望田园浅山，如陶渊明诗句"复得返自然"的情景扑面而来。

4.2 情境温泉房

情境温泉房包括御泉阁、亲王府等建筑群。御泉阁如同四合院，客房是外围，中间有个小院，院中有温泉，泉中可嬉戏，与小院独成一景。御泉阁贵宾房，温情设计，精致典雅，惬意舒适，彰显尊贵。

亲王府经十余年构思，四五年构筑，为中国首个真正意义上的温泉私属会所。它独具中国特色，具有浓厚中国文化底蕴，精湛奇幻又不失高雅。其建筑风格融合古今特色，既具唐朝建筑的富丽堂皇，又不失现代建筑的简明清和。建筑共四层，内有接待室、休息厅、红酒屋、雪茄屋、厢房、尚府等功能空间，更有仙林秘境般的尚汤，"养尊处优"的大户院落露天汤池。亲王府内情境温泉房，泉为主体，自然表现；景中有情，情中有境。西厢似小家碧玉，尚府如大家闺秀。各处空间既可独居、任心畅想，也可共享、邀友欢畅。

亲王府真实地诠释了一种尊尚、崇敬的温泉生活态度，即温泉尚生活。第一，丰富温泉生活环节，力求让温泉融入生活中的每个细节，从而融入生活；第二，削除温泉刻意存在的印象，使温泉与环境统一，与生活统一；第三，制定温泉禁忌，规范温泉礼节，丰富温泉文化；第四，营造自然、祥和的生活氛围，引发心灵感悟。

图6 云来客栈正门

4.3 小汤镇

小汤镇依古镇风采而建,外高塔耸立,内亭台楼榭;汤馆林立、食肆群集、商铺繁荣,更有街头技艺杂耍……层次分明,节奏轻缓,色调清新,宛如自然水墨,悠然而出。小汤镇以"泉"为核心,为游客提供温泉闲趣宿一宵的客栈式温泉体验方式。

云来客栈是小汤镇住宿的主体,由四层客栈楼和周边的主题温泉汤馆构成,其间融入各种主题食肆、摊档、茶馆、休闲馆、养生馆、客栈广场等元素,构成一个既完整又具有戏剧化的温泉生活圈,带给温泉消费丰富多变的、新奇十足的客栈式温泉体验方式,称之为温泉闲趣宿一宵。客栈全新入住方式,称为入格。根据入格者的团队人数,策划了专门的云来格语,达到宣传营销的效果。

镇内文化活动丰富,集合起风土玩意、民间艺术、民俗杂趣、特色小吃等中国传统风俗文化,并与泡浴温泉融合,包括以角色扮演的《芙蓉世家》,以格格巡游为主的《月光光照地堂 小汤镇中秋拜月庙会》,以纪念中国温泉旅游业诞生为目的的《温泉诞》。泉诞龙升仪式过后,镇民和游客一起狂欢,不仅可海吃美食,还有各式诙谐游戏参与、各种节目欣赏以及各种名汤泡沫。

小汤镇闲趣温泉生活,以"闲"为核心,以温泉住宿为主导,表现住与温泉的距离、关系,以及丰富、多变、多层次的温泉"闲"趣。温泉生活不只是"泡"、"调",更要融入"闲趣"元素,一方面突破了中国温泉产品原有概念和体验模式瓶颈,同时也满足了成熟温泉消费人群日益强烈的多样化体验方式和高层次心理需求的温泉休闲要求。小汤镇内设有多家独立温泉汤馆,可满足游客不同的需求。汤馆讲求情境概念,恬适雅静,是很好的休闲之地。其中,私家露天温泉隐泉山房,可得众人皆现我独隐的情境;沐汤养心得福汤,中西合璧、福气临门。小镇内可供游客品尝丰富的地方美食,包括热辣美食——九大桶餐馆,有机粤菜——潘今莲餐馆,异域风味——汤吉酿酒馆,小吃风趣——成记虾蟹粥馆、把几火烧烤店、斗门锅边等。

5. 御温泉的管理理念:把复杂的事情简单化

5.1 御式服务:情与和的企业文化

御温泉企业文化中承载着浓厚的"情"

与"和",御温泉是一个温暖的中国"大家庭",给每一位客人都留下了深刻印象。这是中国数千年文化的传承,闪耀着无与伦比的智慧之光。

在中国的传统文化中,"御"是指"与皇帝有关的","御"喻指"尊贵独有",同时可引申为"最好的"。御温泉把中国文化中所重视的"感情"元素融入到服务细节中,进而形成了具有浓厚东方传统文化特色的"情字风格的御式服务"理念。"情字风格,御式服务",是御温泉的灵魂,也是御温泉品牌文化的精华。"御式服务"以客为尊,不但是服务理念,同时也是一套具有可操作性的服务标准,是一种经市场验证过的优秀服务管理模式。御温泉通过对外输出经营管理,通过行业间的交流,为温泉旅游注入了新的活力。

"情"是贯穿在御温泉整个管理服务过程中的一种重要的内涵,可以理解是一种方式,而"和"是御温泉所追求的一种目标境界,融合和谐的境界。管理者与员工之间,员工与员工之间,员工与客人之间,客人与御温泉之间,都是一种温暖和谐、自然舒心的关系,在这样的人文环境氛围中,任何一项规范下的服务都变得真挚无比。

基于情与和的文化指引,御温泉认为:客人是皇帝,不是上帝,客人与员工是朋友;领导与员工是兄弟姐妹,上班时是领导,下班后是保姆,只是岗位不同。御温泉的管理者认为,"只有领导对员工的微笑,才有员工对客人的微笑,只有领导对员工感情化管理,才有员工对客人的感情化服务"。情字风格,用情于内,御温泉的管理是感情化的。以人为本的管理理念,为员工提供了充分展现自我、实现自我的舞台;感情化管理注重细节,关心员工生活,关心员工的喜怒哀乐,让员工热爱生活,才能热爱工作、热爱御温泉。"我就是御温泉,御温泉就是我",御温泉的许多员工都具备一种高度的主人翁责任感。品牌有生命力,御温泉品牌的影响力才得以不断扩大。

御式服务。最大的特点就是没有大理论,只有小细节。御温泉自上而下,形成统一行为标准,就像家长教导孩子,一个个动作怎么做才合乎情理。御温泉的这些小事常被领导、员工挂在嘴边,哪个人要没有做到,身边的人都会提醒他,因而,它们不仅是御泉人的行为规范,更是精神风貌体现。我们约束自身的一个小行为,规范自身的一个小动作,并把它当做是提升自身修养与内涵的品质来培养与锻炼,慢慢地变成一种代代相传的御式传统,那么,每个来御温泉的人,自然能感受到这种细微而又体贴的服务。

内部管理。御泉人自迈入御温泉的第一天起,就能感受到这样一种家的氛围:老板称呼员工为孩子,领导层称呼下属为徒弟,大家和睦相处,其乐融融。御温泉的员工餐厅只有一个餐标,没有经理餐或老总餐,总经理与清洁工都同坐一桌同吃一种餐。在这种氛围的熏陶、感染下,大家的心态就能放平,对自身的

图7 小汤镇隐泉山房

价值和定位也有了新认识。御泉人对待宾客，不是"服务"或者"帮佣"，而能以主人的姿态来接待。在这种心态作用下，没有"不情愿"和"应付"，有的是发自内心的"热情"与"好客"。在对初到御温泉的员工进行入职培训时，公司专门编写了御温泉《三字规》，它是御泉人的生活信条。一百零八字的《三字规》传达着一种尚孝重礼、和融共进的信念内涵。像是苛刻的行为标准，更是谆谆的教导诗篇。在御温泉有公司也有家庭，有上司下属，也有长辈幼者，更有兄弟姐妹。中华传统文化的孝道礼义，凝聚在这小小的御温泉《三字规》中，让阳光的御泉人笑迎八方宾客。

御温泉对员工的服务观念、服务技能和行为规范，已经形成了3项礼仪、10个一标准、4个感情化管理准则。3项礼仪要求御泉人对客敬礼、敬语、微笑，在御温泉已经成为了一种发自员工内心的一种情感表达：真心的祝好，真心的微笑，真心的道别。心有阳光的员工，带给客人的当然是沐浴阳光般的亲切和温暖。10个一的标准化服务包括：一个敬礼，一句敬语，一个微笑，一条毛巾，一双拖鞋，一杯茶饮，一把伞，一只白手套，一个搀扶，一根橡皮筋。这些细节赢得了无数客人的称赞和感动。御温泉的"感情化经营，感情化管理，感情化工作，感情化服务"4个感情化，凝结了感情化的东方服务。

对外服务。御温泉在接待和提供服务时也基于情与和的文化，形成了一套具有御温泉风格的接待用语。"您回来了"，御温泉的回头客多，这个现象已在行业颇有名气。客人经常到来，与不少服务员都熟识，甚至结下了友谊。客人来到御温泉时，服务员的一声"您回来了"，让客人油然而生回家的感觉，倍觉亲切、轻松和温馨。

"有人在家吗？"如果你入住御温泉，你会发现门上都已插上某宅的门牌，比如赵府、钱宅等，客房主人的姓氏出现在门牌上，就像自己的家一样。服务员送水果报纸的时候，敲门会问"有人在家吗？"御温泉的客房，在环境和服务上，都营造着家的气氛。

"请披上毛巾"。当你沐浴露天温泉的时候，起池时服务员会跑过来为你披上毛巾，怕你着凉。如此体贴的服务，让人不但身感温泉的温暖，也心感服务的温情。还有摆正拖鞋，入池时鞋尖一般都对着泉池，当你泡完温泉出池时，你会发现所有的拖鞋都鞋尖朝外，原来是服务员早已把它掉转了，让客人起池时穿鞋更方便。

5.2 高压卫生：御式服务的重要支撑

"御式服务"之所以能得到好的体验感，离不开卫生条件这一项支撑。御温泉对卫生工作的高标准要求达到了近乎苛刻的程度，所有顾客活动的地方都要一尘不染，不管是肉眼看得见的地方还是看不见的地方。御温泉坚持"高标准、经常化"的原则，把工作的重点放在"经常化"上。例如，在客房，不只是要求桌椅表面没有灰尘，即使桌椅的脚底也不能有；不只是顾客能接触到的地方没有灰尘，客人摸不到、看不见的死角也光洁如新。为了做到这样的高标准，御温泉落实了五项卫生制度，即卫生责任制、计划卫生制、卫生监测制、卫生检查制、卫生奖罚制。其执行的过程完全体现了高标准、经常化。

严格的卫生检查。要求细致的卫生清洁，御温泉的卫生检查是出了名的"离谱"与"苛刻"，除了平时每天部长检查员工，主任检查部长等逐级检查外，还要在每周五进行全公司服务质量综合大检查，素有"黑色星期五"之称。每到星期五，公司高级管理层都要参加，他们与各部门经理、专职质量管理人员等人组成检查大队，分兵几路，带着白手套、矿灯、数码相机、望远镜、咸鱼和放大镜等检查工具，深入到公司各个角落检查。"白手套"用来擦地板、桌面等，检查是否有灰尘；"矿灯"用来检查阴暗角落；"放大镜"用来检查肉眼不易察看的细节；"望远镜"是用来检查高处卫生；"数码相机"用来现场取证；咸鱼是用来引苍蝇。对这种高标准、严要求，很多人都觉得"可怕"，然而更"可怕"的是"经常化"，是从御温泉开业到现在从不间断地、一如既往地坚持。这种"高标准、经常化"的卫生管理制度让每一位御泉人都对卫生工作高度认真与仔细。

池水勤换。根据温泉池大小选择更换水的频率。针对每一温泉池的正常储水量、入池率、浸泡率，规定每天更换泉水的时间。

消毒清洗。注水前对温泉池进行严格的消毒清洗。依据御温泉泉质属性，选择不同的消毒液进行消毒，消毒一定时间后，用质地坚硬的刷子进行人工刷洗，后用清水冲洗，重复消毒冲洗规定的遍数。对于泡温泉时所使用的公共用品如毛巾、泳衣、拖鞋以及沐浴时所使用的沐浴乳、洗发液、润发露、发梳、电吹风等洗浴用品，勤换洗，及时消毒。对毛巾、泳衣、拖鞋、洗浴用品等的洗涤消毒过程都有详细规定。所有公共用品都是每1人次使用1次即清洗1次，对于存放的暂时未用的物品，也规定了清洗消毒的时间。公共区域包括地面、墙面等，公共器具包括柜、桌、椅等，都要根据人流的多少制定清洁频率。此外，对绿化植物杀虫、预防季节性害虫、食品卫生把关等，都做出了严格的管理规定和执行检查制度。

御温泉对床上用品、洗浴用品的洗涤消毒过程、地面卫生的打扫过程都有详细管理规定。客房用品一客一换，如果一客住多天，床上用品每天更换，地面卫生每天打扫。服务人员在进行服务时，应该注意相应的卫生规定。服务人员工作服装由公司统一洗涤消毒，佩戴白手套上岗。

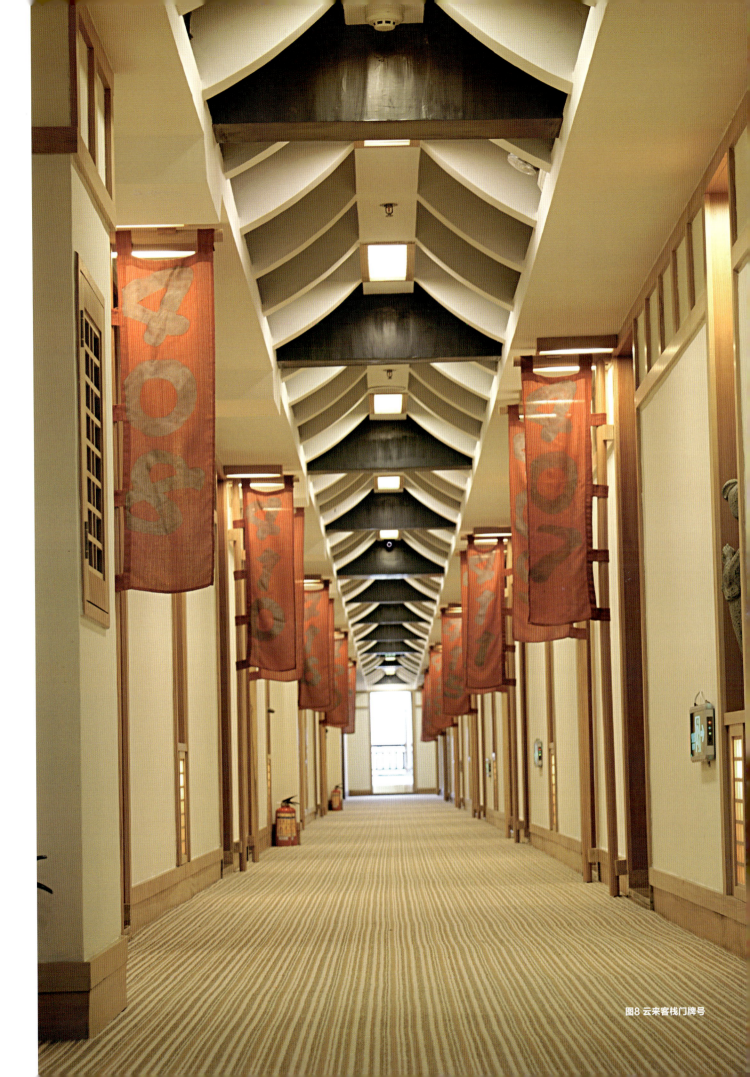
图8 云来客栈门牌号

Perching in the Mountains: The Analysis of Cultural Landscape of Liang Shan Yi National Faith

共生地栖息于山林——浅析凉山彝族信仰下的文化景观

文/李孜 王剑

【摘 要】

本文通过对凉山彝族史诗的探究,进而分析彝族的人、神和自然共生的信仰体系在村寨选址布局及建筑空间中的体现。这种栖息于山林的生产生活方式、社会关系和空间模式,形成了特有的文化景观和场所精神。对凉山彝族村寨的规划设计应该延续其文化景观。

【关键词】

彝族;旅游规划;文化景观

【作者简介】

李　孜　阿特金斯(北京)高级城市设计师

王　剑　阿特金斯(北京)城市设计师

本文图片除特殊注明外皆由作者提供

共生地栖息于山林——浅析凉山彝族信仰下的文化景观

图1 四川省峨边县黑竹沟山林

随着新农村建设，文化产业的兴起和全民旅游的趋势，国内对少数民族地区的文化旅游和新村寨的建设达到了高潮。但因急功近利而对脆弱敏感的文化景观造成破坏的案例屡见不鲜，这些少数民族的文化景观面临着前所未有的冲击和挑战。而这种情况往往是对场地的历史、文化和乡土民俗的尊重不足，从而导致一些少数民族文化景观逐渐消逝，文化遗产的原真性和整体性都受到了不同程度的破坏。更深层的冲击在于对当地人生活方式，甚至是信仰体系的影响，最终威胁到他们的精神家园。由此，我们通过对凉山彝族史诗的探究，以有史以来其形成的信仰体系、家支关系和生活方式，来分析凉山彝族的理想家园，为延续其文化景观的探索抛砖引玉。

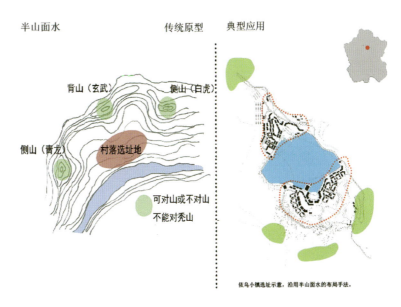

左图图片提供：凉山彝族民居建筑及其文化现象探讨，2004.05

图2 彝族村寨传统布局及其在依乌小镇规划中的应用

图3 四川小凉山黑竹沟依乌小镇设计意向图

1. 诗意的共生

在金沙江北，大渡河以南十万大山的大小凉山地区的深处，散落着与山林融为一体的彝族村寨。这看似随机散落的村寨，形无定式，在山林、高原、沟壑中，间插有序，或与山体咬合交覆，或立于田间，星罗棋布，随形就势，与自然形成了整体的空间关系，这种看似偶然的空间模型，其实背后有其独特的场所精神，孕育出了凉山彝族人与自然共生的生活习俗与生存方式，而这还要追溯到凉山彝族史诗中的精神家园。

彝族的创世史诗《勒俄特依》再现了彝族先民关于天地生成，动植物乃至人类出现和进化的宏大图景。"远古时候，天上掉下祖灵来，掉在斯接介列山，变成熊火在燃烧，为了诞生祖先烧。这以后，万物诞生于'三场雪'。结冰成骨头，下雪成肌肉，顺风做气，下雨来做血，星星做眼珠，变成雪族的种类，雪族子科十二种。"人类就是雪子十二支中的一支，与无血类六种（茅草、白芨、杉树、莲子草、铁灯草、勒洪藤树）和有血五种（蛙、蛇、鹰、熊、猴）同根同源，一并产生。凉山彝族人创世论的诗意描述，再现了彝人先祖原始朴素的思维方式，其比起"盘古开天地"和西方宗教中"上帝创造世界"更带有一种朴素的唯物主义，而这奠定了凉山彝族人万物有灵观和与万物共生息的原始精神观。这种凉山彝族人语境下的"天人合一"构建了其精神家园，带来了凉山彝人在生产生活中对大自然的原始敬畏和祭祀活动中对动植物（如祭大龙以栎树为神）的崇拜。而在物种起源说中的燃烧的祖灵，则延伸出了后世意义丰富的彝族"火把节"。这些人与动植物同根同源的信仰和认识，形成了万物共生的生存原则，在村寨的实际布局中顺应自然条件，与周边繁盛的林木和流水一起成为整体，更有凉山彝族人死后火葬，撒灰入林，冬季封山育林，分地块轮流放牧等让自然生息的办法。

另一个构筑凉山彝族人精神家园的因素是家支宗教信仰与社会制度。由于历史上长期的奴隶制社会制度，使彝族村寨具有独特的社会性维度，实际形成了"林立的血缘支群体割据的社会"，虽没有形成封建主义的宗族体系，却生产了更个体的宗族祭祀，以居住的场所为核心，单家单户的祭祀活动，有别于专门宗祠会馆等聚落公共建筑。

这种个体的宗族祭祀活动和生产生活方式的事实，淡化了复杂多变的家支体系中的对氏族共同利益的追求，而是各自为政，不可避免地激化了家支间、家族内的械斗冲突。这

图4　四川小凉山依乌小镇欢庆广场设计意向　火把节

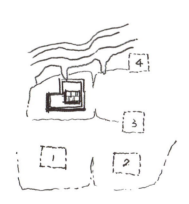

1.宴祖祭场　2.祭祖换灵祭场
3.祭祖求育祭场（必须超越住所）

图片提供：凉山彝族民居建筑及其文
化现象探讨，2004.05

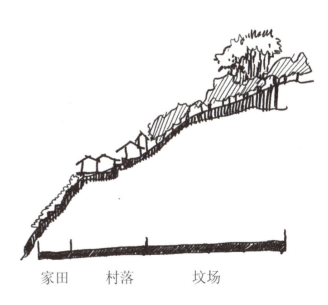

家田　　村落　　　坟场

图5　凉山彝族祭祀空间与居住空间的关系

旅游规划与设计　105

样的宗教信仰和社会关系，对村寨布局与居住空间影响深刻，也赋予了彝人生活场所宗教性张力和紧张的氛围。凉山彝人死后"族灵（祖灵）"祭祀，是从家祭到野祭，由"焚场——安灵祭场——居室——送灵祭场——祖灵菁洞"在几代供奉家灵后，其在毕摩（巫师）的指引下，完成了个体家灵回归到宗族灵场，最终成为"族灵（祖灵）"。

祭祀作为安灵送灵仪式的场所，以家祭（住居院落本身为祭场）和野祭（居住周边的田野祭祀）为中心展开巫术祭祀。由此，凉山彝族人将祭祀的精神活动安放在了生活场所里，让精神家园与生活的物质家园相重合叠加。

诗意的共生正是凉山彝族人以家园的空间形式安放下了大自然万物之灵，氏族家族之灵和世俗的现实生活。

2. 栖息于山林

《勒俄特依》中凉山彝族的先祖，巨匠颇宜"去平整地面，一处做成山，山上作为牧羊地；一处做成坪，坪上好放牛；一处做成沟，沟谷水流处；一处做成坝，平坝栽稻处；一处做成斜坡，斜坡种荞处；一处做成山垭，山垭打仗处；一处做成山坳，山坳人住处"。这个开山作田的山居模式几经变迁，演化出现实的彝族村寨。高山区多为散村，平坝河谷地带多为集村，星罗棋布地散布于群山峻岭之间。这种延续自上古时期的人文地理系统，正是半农半牧的凉山彝族人栖息的家园。

如果把栖息的家园分为三个层次，底层由村寨和周边山地构成，正是人力耕作、灌溉、放牧的生产范围的资源与效率的较好配比。中层是在家支与亲缘血脉控制下的村落与村落之间若即若离的社会关系（如前面所提到各自为政的家支有防御与呼应的关联）。而上层是万物有灵和祖灵信仰带来的人神与自然共生的宗教观念。由此，凉山彝族特有的聚落尺度和空间关系就奠基在牧、耕、战和祭的自然社会与

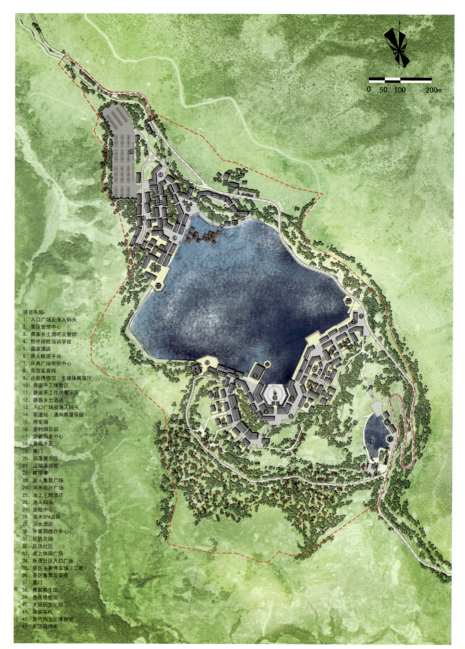

图6 与山林融为一体的彝族村寨意向图

宗教的整体性上。这种田园牧歌中隐藏着紧张与神秘，显现在彝族村寨与周边一系列元素的配置：寨门、寨墙、居所（正房、厢房、院墙、碉楼和院子）、泉眼水源、焚场祭场和神树神石。

自此，山川河流，森林草地和凉山彝族村寨俨然成了一个有机的生命整体。由此，凉山彝族人决不过度地使用自然资源。他们长期生活中的传统习俗与禁忌，如轮伐、补种山林、封山育林、限制畜牧等方式，让家园得以休养生息。需要建造时，相基，卜宅，动土，上梁，入户，打锅庄，造火塘，就地取材；夯土为院，铺茅草，打瓦房，穿斗抬梁，架掮架，构筑起乡土生态建筑。而土坯和草甸，瓦木斗拱，特别是杆栏式建筑木罗罗，可搬移，可循环使用，找到了环境的平衡。这样，村寨到山林和山林到村寨从精神层面到物质层面都不会出现隔阂，两者就势而依，交换自由。如"屋后有山能牧羊，屋前有坎能栽秧，坎上有坪能赛马，又有沼泽地带好放猪，屋后砍柴柴带松脂来，屋前背水水带鱼儿来"（《勒俄特依》中彝族先祖兹的住地），祖先的住地选址和营

二进院落的主要特点：

第一进院落正面仍为前院墙，但角部没有修建碉楼，而在内部沿前院墙修建了向内敞开的敞廊。各进院落间高差较大，因此空间分隔感觉较强。第一进院落更适于聚集而第二进院落更强调位置感和控制感。出现了较为实际意义上的厢房，但仍然没有与正房相联系的情况。整个院落与自然结合得比较融洽，更有家居的环境特征。功能作用：这种多进民居院落在历史上大多为家支头人兹莫或诺伙所居住。

建筑风貌的控制包括建筑风格、建筑高度、建筑材料、结构类型等要素，是场地特色的重要组成部分，是场地特色的延续和提升。黑竹沟依乌小镇内建筑整体上以小凉山彝族地区特有民族建筑要素为借鉴，吸收川西民居的一些特征，创造一种新的模式。

图7　对传统彝族二进院落的模拟　　　　　　　　　　　　图8　四川小凉山黑竹沟依乌小镇彝族商业街设计意向

造过程伴随着资源的慷慨与互惠，让所有事物都关联起来。

可见，凉山彝族人与其风景有天生的千丝万缕联系，让他们的风景拥有他们。得益于山野、沟壑、森林和河流的庇护，寨垣、院墙、小至两三家多则逾百家的乡里和山林交融与咬合。散落的村寨布局终在一种生存的约束、家支体系的作用和精神信仰（万物有灵，祖灵祭祀）的追求中遵循着冥冥的法则。

3. 共同的文化景观

关注全球文化景观的罗斯勒（Rossler）和曼兹（Manz）认为"人们越来越认识到，场地作为一个综合系统，既包含了生态层面，也包含了与空间和时间联系的文化层面"。

凉山彝族的栖息环境是自然与人类相作用的结果。这种长期紧密的联系，是当地宗教信仰，家支关系带来的传统习俗的有机结合，孕育出了人与自然共生的家园。其中蕴含了环境塑造人，人"驯化"环境的过程。

这往往引起文化的共鸣，因为世界各民族的起源神话都有对环境塑造人，人"驯化"环境的记载。往往伴随着自然的限制，如极恶劣的天气，大洪水和英雄主义般与自然斗争，如射日、大迁徙、水利工程等。凉山彝族史诗《勒俄特依》中英雄支格阿鲁射日月，开垦土地，打蛙蛇，除蚊蝇，可见先祖面对干旱、虫灾等自然灾害无所畏惧。而对大洪水中先祖居木武吾乘木柜拯救动物，最终与天神的女儿生育出藏人、彝人和汉人的族源神话，道出了各种古老文明起源的共同点：

人类不仅企望一种人所具有的超自然力的出现，来对抗和战胜自然，还能够较为冷静、理智认识到必须顺应自然的法则才能生存。

自然的馈赠和环境的制约促使凉山彝族人精神信仰的形成，同时凉山彝人又在不断地"驯化"自然力量，营造了当地文化的景观。从天地造化到宗教与风俗的教化，从连绵的大小凉山山脉到云南哀牢梯田，自然规律渐渐成为文化信仰，凉山彝族文化景观由此成型。这样的事实，具有普世的价值，为不同文化主体在当下反思自己的文化景观可持续性的发展提供了借鉴。

凉山彝族人的"大山生灵有我"的生存观，即是共生地栖息于山林文化景观的场所精神。

4. 文化景观的延续

延续凉山彝族人共生地栖息于山林的文化景观正是要尊重凉山彝族的历史、文化和乡土民俗。对小凉山地区黑竹沟景区依乌小镇的规划设计（图2、图6）是一次探索和尝试。

依乌小镇位于乐山市峨边县黑竹沟国家风景区。场地原貌是山间的一个人工蓄水池，未来将成为黑竹沟风景区的入口旅游集散小镇。这样的选址正是沿用了凉山彝族传统村寨选址山形水制，以"半山面水"的格局，将旅游小镇的中心区（图4）沿水面南北布局，东西留出从山腰到山谷的视线通廊（图2）。而整体布局也是再现其自给自足的半农半牧的经济模式，如前提到《勒俄特依》中凉山彝族的先祖"巨匠颇宜"般的平整土地。平坝建寨，山腰

特色化旅游小镇　Characteristic Tourism Towns

非物质性风貌要素：火把节

非物质性风貌要素即感知性风貌要素，需要依托于物质空间展现。结合当地特色，其感知性风貌主要包括自然景观、地方传统产业、彝族文化民俗、当地特色建筑等方面。

火把节，带有浓厚的原始宗教色彩，一般要庆祝三天，第一天最隆重，砍松明、扎好火把、喂饱羊，女的要在家储备荞麦面、洋芋和用水。中午开始杀猪宰羊的仪式，将牺牲献给天神，然后点燃火把，大人、小孩各持火把，占岁丰收，围绕着熊熊燃烧的现场篝火，弹月琴三弦。载歌载舞，一连三日，通宵达旦，火把不灭，歌声不断。

城市设计正是要通过空间设计与实践规划，延续地方民族风俗，发扬彝族非物质文化遗产。浓厚的原始宗教气氛，庄严又欢快的民间娱乐节目将游人与当地居民融合在一起。

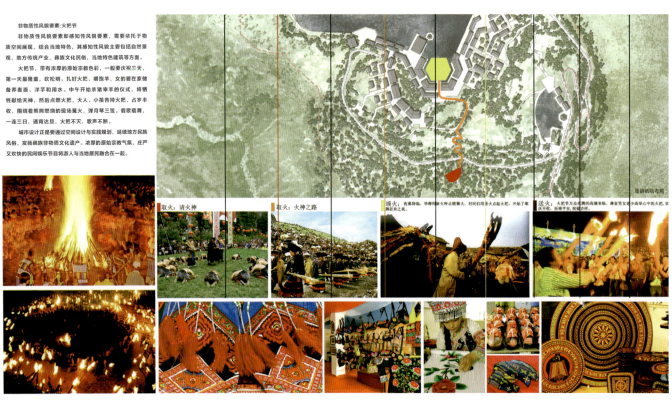

图10　彝族传统"火把节"的时间序列与小镇场地设计的空间序列

营造了一个以祭祀庆典为主要功能的临水广场及附属建筑（包括民俗博物馆、多媒体中心和商业街），为凉山彝族大型庆典活动火把节、彝族新年等提供场地（图9）。整个依乌小镇将掩映于山林之中，尝试再现凉山彝族的文化景观。

5. 总结

凉山彝族的信仰体系和生产生活方式，形成了万物共生的生存原则。在人、神和自然的时空里，凉山彝族人顺应自然条件，与周边繁盛的林木和流水一起成为整体，共同生息，而这就是独一无二的文化景观。追根溯源，凉山彝族人精神家园就在其史诗《勒俄特依》和他们日出而作，日落而息中。如何让声势浩大的新农村建设、文化产业的兴起和全民旅游为这样的山林和少数民族村寨带来些机遇而不只是冲击？我们就应学会对当地人的历史、文化和乡土民俗给予尊重，并且尽心了解他们的信仰和生活，这些或许就是第一课。而所谓创新或许只是对当地人生活方式和信仰体系的一种延伸。

感谢阿特金斯北京的杜学先生和张东梅女士的指导和支持。感谢乐山市峨边县旅游局长郭云城先生的指导。感谢王一刀先生、孙英昕先生和刘力刚先生等对项目的付出。

图9 村寨环湖剖面，依山就势组织建筑布局及多层交通

缓坡作田，山上陡坡放牧，池水养鱼，溪水灌溉田地，依山就势营建村寨。这种有机农业与渔牧方式，是对凉山彝族生产方式的延续。在村寨建筑上，寨门、寨墙、居所（正房、厢房、院墙、碉楼和院子）也以一进或二进院落围绕水面展开，错落有致地依势布局。因为传统凉山彝族以临时集市为主要商业空间，所以没有商业街的先例。为了满足现代游客需求，新的商业街借鉴了川西民居的一些布局特点，而商业建筑是在凉山彝族的建筑形式和色彩上进一步创新（图8）。

凉山彝族的信仰体系——"族灵（祖灵）"和"万物有灵"，将深入到小镇的空间布局之中。除了每家每户的居室院落的"家灵"祭祀空间和山上林地祭场外，村寨布局打破了传统凉山彝族家支体系的隔绝因素和山区居住分散而缺乏公共空间的现实，

参考文献：

［1］候宝石. 凉山彝族民居建筑及其文化现象探讨. 重庆大学, 2004.

［2］李绍明, 冯敏. 彝族. 民族出版社, 1993.

［3］巴莫阿依. 彝人的信仰世界——凉山彝族宗教生活田野报告. 广西人民出版社, 2004.

［4］黄建民. 走进彝区. 中国旅游出版社.

［5］巴莫阿依姐妹彝学小组. 四川大凉山一副无始也无终的时间图案, 2006.

［6］吴必虎. 世界中国 旅游未来——为中国世纪创想休闲. 游憩. 旅游蓝图.

［7］巴且日火, 杨慧云.《勒俄特依》文化背景试析.

［8］吴必虎. 旅游研究与旅游发展. 南开大学出版社, 2009.

［9］杨锐, 赵智聪, 庄优波. 关于"世界混合遗产"概念的若干研究.

［10］宋峰, 祝佳杰, 李雁飞. 世界遗产"完整性"原则的再思考——基于《实施世界遗产公约的操作指南》中4个概念的辨析.

特色化旅游小镇　　*Characteristic Tourism Towns*

The Wedding Village: A Unique Town Tourism Theme

婚礼小镇：别样的小镇旅游主题

文/朱力然

【摘　要】

婚姻大事，自古以来都被视为每个人的人生历程中最重要的里程碑之一，特别是在我国经济蓬勃发展、人民生活水平日益提高的这一大环境下，以及"80后"、"90后"逐渐步入社会的今天，人们（尤其是年轻一代）越来越注重和愿意将婚姻这一人生大事摆上台面，为自己和邀请的来宾们营造一次特别而难以忘怀的婚礼。因而，毫无疑问，以浪漫主义元素如婚庆、爱情等为主题的旅游小镇，在学习欧洲几个成功的婚庆主题旅游小镇经验的基础上，在中国国内市场若能够得到科学合理的开发，则很可能会成为未来旅游业发展的潮流趋势之一，进而成为拉动当地经济发展的有力马车之一。

【关键词】

婚礼；婚庆；浪漫；旅游小镇；年轻人市场；创新营销

【作者简介】

朱力然　　英国斯特克莱德大学（University of Strathclyde） 在读硕士生

注：本文图片全部由作者提供

引言：欧洲婚礼旅游小镇与主题旅游

在亚欧大陆的另一端大不列颠共和国，英格兰和苏格兰的边界处，有一个在当地极负盛名的小镇——Gretna Green婚礼小镇。Gretna Green是苏格兰最南部的一个小村子，因为18、19世纪时许多年轻人私奔至此结婚（Runaway wedding）而闻名。据记载，私奔结婚开始于1754年。当时有条法案规定，如果结婚的双方都未满21岁，那么他们的婚姻必须经过双方父母的许可，然而这条法案在当时的苏格兰并没有施行，因此一些逃避包办婚姻的青年男女跑到苏格兰结婚，而Gretna Green是他们由英格兰往苏格兰第一个会到达的村庄。这就是婚礼小镇得此盛名的由来。而今，这个村民曾经依靠铸铁谋生的普通小镇已不再普通，成为了各国游客们来到大不列颠旅游的必到之处之一（来源：帝凯旅游）。事实上，与Gretna Green类似的婚礼主题小镇在欧洲并不罕有，例如处于瑞士中心位置的湖光山色里的特色小镇琉森（Luzern），除了本身优越的自然条件，也因为好莱坞著名演员奥黛丽赫本在此举行过自己的婚礼而吸引着各地游客慕名而来（来源：幸福婚嫁网）；又如意大利罗马近郊的阿西西（Assisi），也从宗教圣地发展成了当地人举办婚礼的一个理想之地（来源：彬礼婚庆）。究竟是什么因素，使得这些欧洲婚礼小镇成为游人如织的旅游胜地呢？其一，这些旅游小镇背后都有一段让人们广为传颂的爱情佳话，即能够吸引游人的市场宣传噱头；其二，作为一个旅游目的地，必须具有一定的交通通达性和市场客源，同时必须能够满足市场客源的一定需求，即提供完善的配套设施和高质量的婚庆或旅游服务。

在国内市场，婚庆旅游近年来也得到了长足发展，特别是许多大中型旅行社联手传统和新兴旅游目的地推出的蜜月旅游；然而除此之外，作为一个比较新的趋势，以婚庆为主题的旅游小镇（甚至村庄），同样有着发展婚庆和浪漫主题旅游的潜质。一方面，近些年来，在全世界范围内一些针对较小目标客户群体的个人喜好和兴趣所量身定做的主题旅游（Niche Tourism / Theme Tourism）已经成为当代旅游业转型发展的一大趋势，例如购物旅游（Liu J. M.和Wang R.，2010）、志愿者活动旅游（Conran，2011）、黑暗旅游（Dark Tourism）（Brook，2009）……近年兴起的各种主题的旅游小镇，更是成为了主题旅游中的佼佼者（李庆雷、明庆忠，2007；张仁开，2007；刘德云，2008；等等）。然而，经过笔者的初步调查，当下渐渐兴起的越来越多的旅游小镇当中，并不是每一个城镇在经开发后都取得了当地政府和人民最初所期望的成功，因此，相关部门对此问题的探索和研究也在进行中；甚至可以说，成功为人们所知并吸引其前往进行旅游活动的此类小镇其实屈指可数，凤毛麟角。当前国内各种旅游小镇对于旅游者来说就好似商店里琳琅满目的商品，只有其中最富特色的（无论在产品的包装、广告宣传还是满足客人需求方面）才能真正吸引到人们的眼球——正如云南省委副书记、常务副省长秦光荣在全国旅游小城镇发展工作会议上的发言提出的关于通过"突出特色"和"创新思路"等而使得旅游小镇得到长远

图1 巴斯中心广场的小街道（朱力然 摄）

的发展的议题。另一方面，结婚，自古以来都被人们视为每个人的人生历程中最重要的里程碑之一，特别是在我国经济蓬勃发展和人民生活水平日益提高的这一大环境下的今天，人们越来越注重将婚姻这一人生大事摆上台面，为自己和来宾们营造一次特别而难以忘怀的婚礼。因而，毫无疑问，以浪漫主义的元素如婚庆、爱情等为主题的旅游小镇，若在中国国内市场能够得到科学合理的开发，则很可能会成为未来旅游业发展的潮流趋势之一。

婚礼旅游小镇在中国国内的市场何在

去年，以"婚庆文化的繁荣与发展"为主题的2011中国婚庆文化产业发展高峰论坛在广东省梅州市的客天下旅游产业园隆重举行；参加论坛的婚庆专家们来自中国、美国、日本各个国家，并且都一致认为：当今中国社会，以婚庆联姻旅游目的地婚礼日益盛行（陈熠瑶，2011）。可见，婚庆旅游已经被业内一致认为是一个新兴而蓬勃发展的趋势，其市场潜力也非常大。然而，由于婚庆旅游市场，特别是以此为主题的旅游小镇，还是一个非常新的、仍旧在探索中的领域，我国业界内学者们对婚礼旅游小镇的研究还并不多见。

笔者认为，旅游小镇应该有自己能够区别于其他竞争对手的独特卖点（Unique selling point），即自己的主题，一定要做到足够的创新和突出自身特色。而以婚礼为主题的旅游小镇发展可能性的提出，主要基于以下几点原因：

（1）婚庆市场的蓬勃发展和庞大的潜在消费群体。

近几年，婚庆典礼、蜜月旅游都不再是少数人的活动，随着人们生活水平的不断提高，这些已经成为大众化的消费。当前，中国正进入新的婚育高峰期，据王莉在地方期刊《河南科技》中发表的《我国婚庆旅游产品开发中存在的问题及对策》一文显示，"民政部公布的数字显示，全国每年登记结婚的新婚夫妇约1800万到2000万对；而据统计，超过67.66%的新婚夫妇会安排婚庆旅游活动，这部分人愿意把自己31%的积蓄用于与婚庆相关的花费中"（2011），可见婚庆旅游市场发展潜力之大。

年轻一代，尤其"80后"和"90后"，如今更乐意选择一些特别的方式完成结婚这一人生大事——他们成为了主要的婚庆市场消费群体，他们中的许多人追求个性化、"最适合自己"的产品和服务的需求可以说成为了该领域内市场发展的主要驱动力。各旅游目的地都积极针对婚庆、蜜月消费群体，打造自己新的蜜月目的地形象，如依托山水的广西桂林（张燕，2001）和北海（张霞、范璐，2011），以及依托海岛资源的海南（何晓幸，2011）等——这些旅游目的地都在一定程度上、依据个人喜好之差异，而比较好地满足了此类旅游消费者的需求。

（2）具有鲜明主题的旅游小镇成功的经验。

现有的旅游小镇中，几乎可以说所有相对成功的典范在打造自身品牌时无一例外都具有两个特点：独特的卖点和准确的市场定位。例如，云南丽江主打的"休闲"和"纳西文化"

图2 英国景点方向指示设施（朱力然 摄）

主题（孙步忠、子涛、曾咏梅，2010），浙江乌镇主打的"江南水乡"主题（王莉、陆林、童世荣，2003），等等。因此，这里需要再次强调的是，经验告诉人们：只有具有鲜明主题，并且做出自身特色的旅游产品，才会受到人们的追捧；其实，以婚庆为主题的旅游小镇也是如此。

从国际市场看，除了引言中提到的苏格兰婚礼小镇Gretna Green、瑞士琉森、意大利阿西西等之外，其他的成功例子也不胜枚举。在英国威廉王子和王妃凯特全球瞩目的王室婚礼（Royal Wedding）过后，塞舌尔近日成为全球浪漫指数最高的旅游目的地，吸引着众多社会名流前往体会最为纯粹的浪漫本色；明星夫妇布拉德·皮特和安吉丽娜·朱莉、贝克汉姆和维多利亚也曾到此享受过甜蜜假期。塞舌尔因此成为又一名副其实的浪漫之地。其中，又以当地的（王子夫妇曾经下榻的）普拉兰莱佛士酒店最受年轻夫妇游客的欢迎（佚名，2011）。由此可见，名人效应已经成为旅游目的地营销的一个重要手段，也可以成为国内旅游小镇发展借鉴的经验。

（3）全国范围内（尤其发达地区）旅游产品的多样化。

在现阶段的国内市场，已经涌现出一大批针对各种消费群体、提供各种类型旅游产品的旅游供应商，呈现出欣欣向荣的场景。然而，这对于旅游产品供给商，可以说既是机遇，又是挑战——机遇，来自于这些旅游产品在数量和质量上的水平参差不齐；挑战，则是源于相当一部分旅游目的地已经做出了自己的品牌，在旅游者和潜在旅游者心目中已经有一定的地位。旅游小镇是否能提供旅游者以足够新鲜、特别及激起其足够兴趣的旅游产品，俨然已经成为其成功的关键。诚然，基于上述两点原因的讨论，若国内具有一定资源的旅游小镇得到适当开发、规划，加上科学合理的管理，就完全有可能吸引大批年轻消费群体进而得到长远发展。

将旅游目的地发展成婚礼小镇的建议

日前，广东惠州的国际文化产业基地中的一个重要板块——国际婚庆文化产业园，"项目将整合婚庆、商务会议等，进行创意婚庆、影视创作等于一体，兼具时代高度"（来源：中国文化传媒网）；但由于此项目为当地政府的重点扶持项目（惠州市"十二五"时期的重点发展项目），且具备除了旅游观光外的其他各种功能，与本文所说的婚礼旅游主题小镇略有不同。我国国内存在许多可以发展成真正意义上婚礼主题的旅游小镇的目的地不多，不过从地理和自然资源方面看，长三角和珠三角地区一些比较有当地特色的县镇是最有可能发展成此类型的目的地的：一是其依托的经济腹地经济发展水平较高，区域内人们的生活水平也比较高，潜在客户具有可以参与此类型旅游的可支配收入；二是这些地区的区域文化氛围比较浓厚，具有可以发展成一定特色的旅游小镇的文化契机（如深入人心的中国古典爱情故事《白蛇传》的发生地就在江浙一带）。

然而，虽说婚礼主题的小镇在当下是一个非常理想的可以借鉴的发展模式，但这并不等于各地政府和国内开发商在借鉴的同时照搬

图3 依山而建的英国旅游小镇（朱力然 摄）

图片来源：http://da.wikipedia.org/wiki/Fil:Marienburg_2004_Panorama.jpg

成功范例的模式就会达到预期的效果；学习他人经验的一个重要原则和前提，就是结合自身实际和特点，探索出一条最适合自己的发展之路。政府或商家在开发婚礼小镇为旅游目的地时，需要考虑以下方面的情况：

首先，任一旅游目的地希望发展成为婚礼小镇，从最根本上看都需要旅游目的地具有相当的软件、硬件资源及合理地整合资源。以文章开头引入主题的英国苏格兰Gretna Green婚礼小镇为例，便捷的公路交通、一定的潜在顾客群体、优美的自然风光、当地人的婚俗文化和习惯，以及作为Runaway wedding举办地的历史渊源（或故事）等，都成为了促使其成为受欢迎的旅游胜地的重要因素。然而，对于国内的旅游目的地而言，这些必要的资源条件主要可以总结为以下三类：

- 历史文化资源：例如可作为宣传噱头的在当地广为传诵的爱情故事，以及当地特色的婚俗文化等。
- 基础设施资源：包括交通通达性（航空、公路、铁路），一定数量的星级酒店和餐厅（如可以承办大中小型的婚礼、宴会的场地）等，此类资源可以在经过科学的规划、建设、管理后获得。
- 其他相关社会资源：包括经济腹地的涵盖度（如周边的大中型城市经济发展水平）、政府支持力度（如是否纳为重点开发项目）、当地居民愿意接纳外来游客的程度等。

其次，在婚礼小镇的目的地营销过程中，创新性的营销手段必不可少。无论是婚礼，还是爱情，在人们心目中总是与一些神圣、浪漫的情感因素联系到一起，所以此类型旅游主题小镇的宣传、营销同样需要与情感因素相联系，如感性营销（Emotion marketing）、关系营销（Relationship marketing）、名人效应（Celebrity effect）等。影视剧作品目前成为一种极受欢迎的营销方式（即形象植入广告），具体的例子有：成都通过电影《功夫熊猫》，积极重塑了全新的目的地形象（胡铁、阿杰、石鸣，2011）；几年前名导冯小刚的贺岁电影《非诚勿扰》也成就了日本北海道的景点旅游路线（王涛，2010）；等等。此外，市场营销中的名人效应在旅游小镇发展中也同样使用，如瑞士婚礼小镇琉森就是通过奥黛丽·赫本的婚礼在已经闻名欧洲的基础上再次扩大了其在世界范围内的知名度。

这里需要提出的是，能否把握正确的时机在创新性的营销活动中极为关键。例如塞舌尔的普拉兰莱佛士酒店及其度假区就在关键时刻利用英国王室婚礼蜜月作为宣传的噱头，为其营销活动取得了最佳时机，引致大批游客慕名而来追寻王子和王妃的浪漫爱情足迹。

再次，准确把握旅游目标市场的消费特点，提供有针对性的个性化服务，往往能够使婚礼小镇项目更出彩。通过一定深入的市场调查，在定位目标市场时需要综合考虑自身条件优劣势和市场特点，以避免不必要的资源浪费进而获得最佳的经济回报。例如，经济发达地区的目的地可将目标定位中高端市场，满足其各种高消费的需求；而欠发达地区（如西南少数民族地区的广西、云南等省份）可利用自身成本低但产品特色鲜明（如独特的婚庆习俗）的优势，将目标定位在相对来说在中低端的旅游者市场，尤其还可以满足年轻一代希望追寻个性化又未能支付高额费用的需求。

最后，在发展婚礼主题小镇的准备、进行和管理等各个阶段，都应该将可持续发展、"绿色营销"等科学观念贯彻其中。众所周知，片面追求眼前的经济效益而忽视长远的环境效益，会在不同程度上造成对环境的污染和风景名胜资源的破坏（薛军，1994）。因此，在环境问题日益凸显的当今社会，无论是发展何种主题、何种类型、何种规模的旅游业，都必须将可持续发展观摆在一个中心位置，才能保证地方和国家经济得到长足、稳定发展的同时不影响后代人的生活以及资源的使用。

图4 意大利马尔米堡古镇

参考文献及资料来源

[1] Brook, H. Dark Tourism. Law Text Culture, 2009, 13: 260-272.

[2] Conran, M. They really love me!: Intimacy in Volunteer Tourism. Annals of Tourism Research, 2011, 38(4): 1454-1473.

[3] Liu, J. M. and Wang, R. Attractive Model and Marketing Implications of Theme Shopping Tourism Destination. Chinese geographical science, 2010, 20(6): 562-567.

[4] 陈熠瑶. 婚庆联姻旅游目的地婚礼日益盛行[N]. 中国旅游报, 2011-05-25.

[5] 何晓幸. 海南婚庆旅游产品开发策略[J]. 中国商贸, 2011（11）.

[6] 胡铁, 阿杰, 石鸣. 成都的全球营销之道《功夫熊猫2》全球热映: 阿宝身世之谜袁揭晓[J]. 西部广播电视, 2011（06）.

[7] 刘德云. 参与型旅游小镇规划模式研究——以金门金湖镇为例[J]. 旅游学刊, 2008（9）.

[8] 李庆雷, 明庆忠. 云南省旅游小镇建设初步研究[J]. 资源开发与市场, 2007（5）.

[9] 孙步忠, 子涛, 曾咏梅. 云南丽江旅游地形象塑造与旅游品牌的文化增益[J]. 中国商贸, 2010（10）.

[10] 王莉. 我国婚庆旅游产品开发中存在的问题及对策[J]. 河南科技, 2001（13）.

[11] 王莉, 陆林, 童世荣. 江南水乡古镇旅游开发战略初探——浙江乌镇实证分析[J]. 长江流域资源与环境, 2003（6）.

[12] 王涛. 品牌"潜伏"四要点. 市场观察, 2010（4）.

[13] 薛军. 环境污染和旅游资源的破坏仍有存在[J]. 中国旅游年鉴. 中国旅游出版社, 1994.

[14] 佚名. 于普拉兰莱佛士酒店寻觅威廉王子与王妃凯特的浪漫足迹[J]. 中国新时代, 2011（7）.

[15] 张仁开. 旅游小镇: 小城镇建设的创新模式——兼论上海郊区旅游小镇的发展策略[J]. 小城镇建设, 2007（7）.

[16] 张霞, 范璐. 基于婚庆纪念旅游的北海旅游形象再造[J]. 长江大学学报（社会科学版）, 2011（8）.

[17] 张燕. 浅析桂林婚庆蜜月旅游的开发[J]. 钦州师范高等专科学校学报, 2001（4）.

网络资源

[1] 帝凯旅游: Gretna Green婚礼小镇, http://www.titicaca.co.uk/vip/y13sglz.html.

[2] 幸福婚嫁网: 赫本的婚礼举行地——湖光山色里的小镇琉森, http://www.xfwed.com/news/201003/2010035012_4.html.

[3] 彬礼婚庆: 不可不知的意大利婚礼蜜月小镇——阿西西, http://gz.xa999.com/hqfw/2011/1103/1111.html.

[4] 中国文化传媒网: 中国（惠州）国际文化产业基地, http://www.ccdy.cn/zhuanti2011/6thwbh/content/2011-11/17/content_1012735.htm.

Micro-Forum for Tourism Towns
旅游小镇微论坛

《旅游规划与设计》官方微博

【内容提要】

中国是个历史文化积淀较深的国度，旅游小镇是较为重要的旅游目的地类型之一。在我国，各类型的名村名镇资源丰富特色各异，吸引着大量的国内外游客。但是，旅游小镇的开发与保护上也存在着诸多问题，如何解决这些问题，是旅游小镇的主管政府、开发商以及与之相关的普通公民或游客都需要考虑的。本刊就旅游小镇的保护与开发，在微博@旅游规划与设计上发布相关信息，业界掀起了热烈的讨论。现在将论坛精彩发言集中起来，以飨读者，希望引起对此问题的思索。

【关键词】

旅游小镇；微博论坛；保护与开发

图片来源：乌镇旅游股份有限公司

乌镇水阁

#旅游小镇#微博论坛： 1、古村落、古城镇要不要进行旅游开发？2、如果不开发，如何适合时代的发展，避免其自然消亡？3、如果开发，如何避免开发式的破坏，抵挡商业对文化的侵蚀？4、古村落、古城镇的开发和保护，有没有一种最佳模式？

@吴必虎：#旅游小镇#征稿通知：《旅游规划与设计》"旅游小镇"专辑，欢迎各位专家、学者、小镇原住民或者对此问题有深入思考的人士踊跃统稿，探讨旅游小镇的开发与保护。

@袁功勇：这个问题争论很久了，是个常说常新的话题。清华大学陈志华、楼庆西、李秋香三位教授在乡土建筑及古村落、古城镇的保护上颇有成就。我通过他们，间接了解到往往是经过旅游开发的小镇才有钱做保护工作，才能投资出书做些文化积累，很多没有开发的小镇、古村都是被当地人迫切改善生活条件的需求所毁灭，眼睁睁地看着美丽的村镇消失。这是个悖论。

@蚊子-此处不咬人："保护式开发"即免不了对"原真性"的破坏，即意味着外部影响的强制性介入，所以，在开发中思考大力促进当地的文化自我认知和自我保护意识才是紧要的，很多的所谓保护性旅游开发都是强盗逻辑和愚民策略。

@许世光城乡规划：我觉得应该根据每个古镇的情况提出解决途径，因为古镇的发展与保护跟当地政府与当地各种利益团体彼此间博弈的态势有密切的关系，每个博弈都是独一无二，因此很难找到统一的模式。

@馬嘉駿：关于古村落、古城镇之我思：1、当然要开发，肯定是保护性开发，旅游一定是不可或缺的属性，但未必是仅以旅游为主导的开发；2、商业对文化的侵蚀是个伪命题，关键是要找到各自的历史人文密码的传承与当下及未来生活的接口；3、没有单种最佳标准模式，只有动态的、个性的、因地制宜的多元化模式。

@袁功勇：古村古镇数量不少，都做旅游开发不太合适，尤其是南方有些古镇比较相似，如果都开发，肯定是同质化的，这也可能是一个问题//@馬嘉駿:关于古村落、古城镇之我思：3、没有单种最佳标准模式，只有动态的、个性的、因地制宜的多元化模式。

@清新Yung：两只手调节。

@BES-陈建业：首先，从历史发展的角度看古镇相对于今人是历史的产物，是过去生活和记忆的沉淀。而相对于我们的后代，今人现在的生活和文化也终将成为历史，成为小镇历史中不可或缺的一段记忆。就像沉积岩层中的层层岩层，每一层都是一个时代的记忆，缺一不可。

微论坛 Micro-Forum

周庄-1（梁世祺 摄）

@BES-陈建业：单一的保护起来不开发，相当于让这块层次丰富的岩石缺少更重要的岩层，是愚蠢的做法！只是开发程度需要研究和探讨，让这个开发行为做到适度，精彩！同时适应时代要求和原住民生活的需要！

@陈静-Jessica：古村落、古城镇是时代的产物，融合当下的时代元素，应讲求方式与技巧，用适度的经营传承小镇，而不仅仅只是单一的开发或者保护概念！

@oslshadow：一座活着的城镇,其生命和灵魂便是城里的居民——是活着的居民创造、充实并延续了城镇的根基与底气。相比之下，那些表面壮观或幽深的城墙、旧街、故园、古迹充其量只是古城镇的形，一旦离开古城镇的神——活着的居民及其文化，所谓的古城镇便将骤然蜕变为徒具外表的空壳、道具。

@东篱-_-宁：1、古村落、古城镇要不要进行旅游开发？如果周边都是雷同、重复性产品，建议不要开发。2.如果不开发，如何适合时代的发展，避免其自然消亡？还是要看开发的产品的实际意义。3、如果开发，如何避免开发式的破坏，抵挡商业对文化的侵蚀？这本来就有矛盾和冲突，不可避免。

@刘思敏旅游与社会：回复@oslshadow:这也是目前市场认可度极高的乌镇西栅未来将面临的艰巨课题。

@顺顺宝宝：旅游小镇的开发应该在保持小镇原貌，保留它的历史人文的特征基础上，突出休闲，突出特色，是人们流连忘返，放松心情的一个乡土气息的休闲小镇。前提具备全面配套的基础设施，不一定要多高档，但是要满足人们生活需要。

@pqkuailuo：科学理解"开发"很重要，开发不一定修路、建房。一种宣传、一种展示、认同小镇人们的生活，尊重当地文化也是一种开发。旅游小镇的开发不等于完全开放！国外很多国会议会办公地都允许游客参观，似乎没有影响正常工作，但中国的旅游小镇开放带来的却是民俗的流失。大家都来关注、参与。

@老黄教授：我觉得开发主体很重要，如果是社会资金投入，必然会考虑短期回报，目前的古镇旅游开发功利性都很强，其实是对当地历史文化的一种破坏，这样的情况下还不如不开发。如果政府性投入，作为公益性支出，打造当地的文化特色，结合一些社会民间组织和有识之士对其开发过程加以监督和指导，或许也是一种模式。

@pqkuailuo：有的旅游对历史文化的破坏，已到了无孔不入，只要有点姿色的地方，就以开发的名义，将其改造成几不像。新农村建设，也让历史文化荡然无存，自然形成的村庄肌理，变成大一统、千篇一律，而领导还非常有成就感。可惜、可悲！

@老黄教授：回复@pqkuailuo:确实如此，但不可否认，这样的模式还是有利于促进当地经济。

@pqkuailuo：回复@老黄教授:商业化程度太高。

@pqkuailuo：也许吧，评价一个问题，有时空限制，也许昨天，他是成功的，也许今天，他是可以接受的，也许明天，他应该批判。

@中山大学曾国军：也属于原真性文化和标准化经营两难啊。

@pqkuailuo：你的原真性有点泛化。

@许世光城乡规划：第一个问题要看当地各种利益全体的均衡情况，可能还是逃不了开发命运；第二个问题可持续不发展与当前价值观不协调，从目前开发的情况看，开发是在加速古村落古镇的消亡；第三个问题，是伪命题，或者说是无解之命题；第四个也是伪命题古村落面貌千差万别，内部利益角逐也千奇百怪，如何总结所谓的"最佳模式"。

@我背起就是过去：像小洲村这类具有地方特色的景点能否做到最大限度保存地方性？在那里发展旅游业是一把双刃剑，一方面促进经济发展，另一方面却无可奈何地削弱着地方特色。而特色正是其旅游价值所在。好比年轻人兼职多种工作赚钱，一方面赚钱但又以自身健康为代价，而自身健康又

周庄-2（梁世祺 摄）

西递（梁世祺 摄）

是赚钱的基本所在。

@许世光城乡规划：法定机构设立是非常严肃的事情，对象要非常确定，不然管理机构越来越臃肿，管理的内耗越来越严重，只能加剧问题的严重性。

@私旅行：今天上午也与一帮户外圈、摄影圈和媒体讨论到这个话题，个人认为，1、古村落旅游市场开发要量力而行，有些区域不适合开发，但应给予保护，比如福建部分闽南古厝、土楼等，从地理位置、环境和旅游开发资源上做评估来确认是否介入开发或者保护。2、不开发则选择具有代表性资源给予保护，避免文化遗失。

@私旅行：3、如开发则遇到商业与文化的双重矛盾，个人认为不应在原有古镇、村落环境中加入现代化的酒店、餐饮等建筑，

福建土楼（刘少伟 摄）

该类商业配套可在古镇村落周边开发，避免破坏古镇和村落的淳朴原貌，保护资源文化的本真。4、古村落古城镇开发和保护还应由国家和相关部门出面，以保护为主，旅游商业合作为辅，避免造成破坏。

@许世光城乡规划：再次说说：古村落、古城镇的开发和保护应该做个案处理，根据不同的实际情况提出不同的方式，一镇一策，一村一式。如果通过统一的模式改造开发，可能会因为水土不服而伤及古村落、古城镇。

@悠游乡土：延续村镇的生活是根本。人们对古镇、古村旅游的追捧，反应的是作为社会人的一种向往乡土的情结。倘若古村古镇失去生活气息，再好的美景和历史也会黯然。

@刘思敏旅游与社会：1、古村落、古城镇如果不进行现代开发，不为当代人所用，必然死路一条；2、鉴于保存相对完好的古村落、古城镇位于欠发达地区的现实，旅游开发必然是主要路径；3、资源、眼光、魄力、市场很难同时聚集，加之商业对文化的侵蚀，乃开发的副产品，很难避免；4、古村落、古城镇的开发和保护没有最佳模式。

@王蕊-Carry：没有最好只有更好，由有经验、有实力、有成熟模式、有核心领袖的开发商进行有规划、有步骤、有组织的整体保护性开发最重要。

@刘思敏旅游与社会：可以根据自身的情况，选择属于自己的最佳模式。

@365旅游快车：首先保护，适度开发，皖南和皖西现在很多老街巷已经做到保护工作了，不一定现在都要做旅游，留下来的都是重要的文化遗产！

@刘思敏旅游与社会：中国不需要那么多"博物馆式"的古民居，太奢侈了。

@陈澍0509：博物馆式古民居占多数……

@刘思敏旅游与社会：欧洲的古民居、古城镇，完全是活着的，外貌不变，功能在变，自然生长，为现代人所用，虽然博物馆多，但比例很小。

@小乔关注：完全赞同，我们需要的是活生生的且有灵性的历史悠久的城镇，开发和商业化都具有破坏性，但以辅助为原则，适度地提供服务设施也是可行的。

@傅饶的清静世界：个人认为：对于古镇开发，应该充分尊重和利用原住民和原生文化。避免简单的旅游商业开发，不能简单的在建筑上表达，也不能机械的把民俗商业化。设计消费者体验，赋予古镇旅游充分的文化想象，是古镇开发的正途！

@梅永丰m：关键是人文，如同里的"梦里水乡，旧时江南"很好，但被篡改了。

Micro-Experience of Boutique Hotels
精品酒店的"微"体验

文/@HOTEL_ZHANG

【编者按】

互联网已经深刻地改变了人们的生活，也改变了旅游业和旅游人，微博是最新潮的互动工具，构建起了人与人及时交流和反馈的平台。今天，我们延续上期精品酒店主题，选择一位"精品酒店微博控"的微博，让他的精彩言论在这里与读者互动交流。

有几句话写在前面：1、作者的观点不代表本刊的观点，我们尊重每位作者表达自己观点的权利。2、每条微博在标点符号等极少数地方做了修改，95%的地方保持了原貌，以力求完整再现作者的观点。3、作者的真切感受，也许只是个人体验，不是很客观，但是唯有其属于个人经验，才显其个性。4、文中部分专业英文术语，本刊在文后做了解释，尽可能让读者看得明白。

微博虽然是吉光片羽，但是微言大义。正如作者在其中一条微博之中写道：我将尽全力保证我对酒店相关点评的公正性与真实性，也希望各个酒店用正常的心态看待我的发言——不要认为会抹黑酒店的形象，因为没有人是完美的，也就没有酒店是完美的，只有客人在更高层面的督促，管理者与业主在更高层面的关注，酒店的发展才会更快、更好。

【作者简介】

@HOTEL_ZHANG　　新浪微博博主，AMC亚华资本投资集团董事、豪华酒店评论人

【京城奢华酒店百店短评】

第一名：北京华彬费尔蒙酒店

红牛是业主，百年加系豪华酒店品牌。对员工品牌理念的培训不够，PA和工程部门不细心，总体服务偏冷不温馨，很少主动对客人打招呼，而且FO执拗，变通的能力不强（如一间房只肯做一张房卡）。硬件杰出，高科技客房，淡雅装潢风格。客房的隐私保护能力不强。

第二名：北京极栈酒店

员工多数来自国际连锁五星酒店，处理危机的能力非常不错。装潢大胆而奔放，但是设施完备。早餐丰富，但是酒店的名字和京城著名的destination的bar关系莫名的match让人联想翩翩。欧舒丹的洗浴用品，每个房间都贴心的放了避孕套，免费软饮，但是卫生要加强。

第三名：北京富力万丽酒店

Reception永远傻傻的，所以还是去executive lounge check in比较好。两面窗的studio房型很舒服，万豪的床品都一样，没必要特别评价。通透式浴室适合情侣，不适合同事，热带雨淋系统小，稍堵。新版万丽装修，年轻朝气时尚，但是富力的做工大家都知道的。

第四名：瑜舍

太古的产业，隈研吾的设计，小清新，自然舒适，但是私密性实在不好。身在三里屯，自然好喝好玩好吃，浴缸有些过于方正且大，我喜欢全木的感觉。对于高强度的放松，瑜舍是好选择。HSKP服务慢CI慢。早餐自选+零点，味道略胜柏悦，没有咖啡机，没有好茶包。

第五名：@北京王府井希尔顿酒店

房间面积很大，一个grand hotel brand做出了boutique hotel的感觉，商务设施完善，但又不乏艺术感。王府井地区高档酒店云集，但是希尔顿的细节做得却最让人舒服。用餐时，只要一抬头就有服务员过来关心你了。但是，备品能放完整、夜床开好些么？

第六名：@北京瑞吉酒店

管家形同虚设，完全需要好好向柏悦学习！不过HSKP真的很细心，这家酒店的卫生是我最最放心的。北京装修最为扎实的酒店之一，大爱其意餐厅。北京目前惟一一个做到了每晚递送账单到客房的酒店CI CO速度一流，基本不会在前台出现客人淤积，礼宾部亲切自然。

第七名：@盘古七星酒店

没太多想说的，反正业主不差钱，所以硬件是各种砸钱。服务上真的很缺乏细致，跟酒店的training有很大的关系。管理层都是业界资深，帅哥美女各种多，酒店里真找不到长得不好看的员工，每次回去像是回家一样。不过

图片来源：瑜舍酒店提供

图1 瑜舍酒店大堂

图2 悦榕庄套房客厅

啊,地毯太厚,静电太多!餐饮相当贵。

第八名:@北京JW万豪酒店

所有的房型都端端正正,但是隔音普遍不好。酒廊各种好。FO的员工水平参差不齐,HSKP常常心情不好,有几位门童特别的热情。亚洲风尚餐厅算是北京五星酒店里全日餐厅比较好的一家了,NOBU北京店在这里。所有房间都有浴室电视。万豪内部的评级一直在降,原因自知。

第九名:@北京励骏酒店

葡式后殖民风格,绝佳地段。但是过于奢华让人没法轻松下来,装修也稍显粗糙,欧苏丹客用备品。酒店员工实在是工作不细心,很多事情必须再三提醒才记得,而且很不善于记载客人的喜好。行政酒廊表现一般。好在HSKP很热情,记得那天很热,HSKP姐姐就多给了我两瓶水。

第十名:@金茂北京威斯汀大饭店

燕莎商圈最新的酒店,不过普通间没啥好住的,连浴室电视都没有。拐角房是很多人的大爱。XX26是面向CBD的套房,按摩椅、BOSE音箱、望远镜、入浴仪式是我的大爱。行政酒廊的人可爱工作细致,你站在FO茫然停留1分钟,必有人上前:Sir, can I help You?

第十一名:@北京丽晶酒店

长安俱乐部的大爱酒店之一,grand ballroom经常举行各种私宴,客用备品齐全,甚至有足底按摩油,客房电视机虽是液晶但是巨小,有时处理临时客务事件时缺少了点国际连锁的风范。不过却善于用热情弥补了某些standard上的缺陷,礼宾部稍显不够绅士,四季范儿。

第十二名:@北京千禧大酒店GMB

健身房很出色,FO的员工还需多多努力,客房的漱口杯是塑料的。酒店香氛以及客用品气味很好闻,房间布局有意思,浴室几乎等大卧室。行政酒廊的员工很细心,吃早餐餐巾掉了也会不动声色的捡起并帮客人换新的。不过CBD餐厅的服务就一般了,口味还行。

第十三名:@北京柏悦酒店

希望柏悦的人不要打我,为什么没进前十呢?因为贵啊!但是Park Hyatt真是我在北京酒店中的最爱之一!目前为止,只有柏悦能为我提供鲜榨的苹果汁做欢迎饮料,柏悦的Butler很靠谱,客房设计简约却充满科技感,基础套房浴室超大,双人浴缸给力。但,礼宾部比较冷漠。

第十四名:@北京饭店莱佛士

北京的标志性酒店!如果你追求好的硬件,莱佛士可能不是首选,但是如果你要体验文化,那么莱佛士是首选。推荐其作家餐厅的下午茶和Andy Cheah的东三三的周末自助餐。莱佛士打车不方便,是个小问题。酒店基本是all suite(除老楼的豪华间),也适合商务出行。

第十五名：北京香格里拉饭店

也是老牌饭店了，香格里拉的服务自不用说，贴心舒适小棉袄。在西边，北香算是最好的商务酒店之一了。新楼客房面积大，老楼虽房间小但是布局合理，可爱的台灯是亮点，北京的香记已经全面更新电视机了，超大尺寸的电视看起来还是不错的，但是冰露啥时候换呢？

第十六名：王府半岛酒店

半岛对VIP特别好，香港记载了我的零食喜好，然后share global了，北京千方百计买了我喜欢的在北方没有的东西，服务可见一斑。北京半岛酒店较老，非套房的干湿不分离，这个挺烦心的。客房一体式开关等很高科。半岛你最不用担心的就是装修质量了！扎实！

第十七名：北京东方君悦大酒店

北京老牌的酒店，非京城人可能觉得地段很好，其实地段挺不好的。普通房间小，套房很温馨，餐厅服务人员细致且温暖，但其他的服务人员普遍冷漠且有些心高。购物很方便，沐浴的感觉一般，床的舒适度不错，嘉宾轩用的molton brown上海用得多，北京用得少。

第十八名：@北京万达索菲特大饭店

给你带来法式优雅生活与隐隐唐风服务的酒店，香氛香到陶醉，中餐厅及法餐厅都值得体验。硬件上，这是万达砸钱最多的酒店，肯定还不错，可是万达没细节的，所以没有软化水。服务一般，对于客史的记载不够仔细与系统，时不时去玩玩还行。

全北京最舒服的五张床

@北京瑞吉酒店 @北京北辰洲际酒店 @oppositehouse_瑜舍 @盘古七星酒店@北京柏悦酒店 !

全上海最舒服的五张床

@上海柏悦酒店 @浦东丽思卡尔顿酒店 @璞麗酒店 @锦江汤臣洲际大酒店 @上海威斯汀大饭店

细节成败

@北京丽思卡尔顿酒店 入住发现客房如下问题：1、遥控器电池电量耗尽；2、化妆镜与墙固定处松动严重；3、提供原子笔是坏的；4、数据连接线少了两根；5、少了一个咖啡勺；6、某个浴巾叠反，小狮子头朝右了；7、淋浴间水易溢至外面；8、热带雨淋不好用，出水孔的水垢太多；9、浴缸电视下的小壁柜有很多皂渍。

昨晚 @北京万达索菲特大饭店 客房问题：1、卧室落地灯灯泡坏了一枚；2、主卫顶灯灯泡坏了一枚；3、一个漱口杯没清洗，杯底有明显牙膏渍；4、浴缸中有毛发且浴缸花洒的软管很脏；5、老问题，热带雨淋出水口有水垢导致出水量很小；6、右阅读灯坏了；7、客卫的坐便器不是非常干净。

@北京金隅喜来登酒店 客房问题：1、恭桶不净；2、床单有水渍；3、客信背面已被上一位客人使用却未更换；4、便笺纸第一张已被上一位客人使用却未销毁；5、卫生间有长发；6、热带雨淋100个出水口已经堵塞5个以上；7、淋浴水忽烫忽凉。但员工都很热情、友好。

@北京海淀永泰福朋喜来登酒店 入住发现两个问题：1、主卫的洗脸盆下水不畅比较严重；2、热带雨淋和手持喷头的水垢堵塞问题还是比较突出。值得表扬的是：凌晨四点点的IRD，依然能半小时送达。值班经理处理客户意见非常积极妥当。

@北京东方君悦大酒店 近期分别16日和20日入住，发现如下问题：1、17和20日，门童未主动开车门、递车号牌；2、16日房间电话快捷键无法使用；3、总机接电话等待时长有三次超过8声"嘀"；4、16日HSKP开床服务时只按了两次门铃，无口头询问敲门就直接开门进房间；5、昨日房间洗脸盆下水不畅。（1/2）

@北京东方君悦大酒店 6、昨日送餐使用的辣酱从冰箱取出没有处理，佐热炒饭吃时影响口感；7、昨晚叫HSKP送茶叶，HSKP很"大方"地直接进了我房间。但值得表扬的是：该店的员工终于会对客人微笑致意了，昨日嘉宾轩带我办理入住手续的姐姐很热情，今天早餐的员工也很热情，微笑很好看。

@北京中奥马哥孛罗酒店 入住发现的问题：1、前台CI接了两个电话，致CI耗时超10分钟；2、淋浴间有异味；3、浴缸有较多灰尘；4、夜间（11点半）洗澡时发现，水忽冷忽热；5、行政酒廊无苹果汁。亮点：酒廊职员会默默记录客人的喜好（查看opera得知）；黑卡权益：晚6点前没催过退房，地道旅游体验有特色。

@北京国航万丽酒店 入住发现的问题：1、硬件较老，Nonsmoking和King bed都无法同时保证；2、房间没按照客史喜好多准备毛巾；3、早餐发现两只苍蝇、早餐时咖啡厅的员工不小心大声说了一句脏话。亮点：客人每次走入大堂都会有人问好。总之，对这家目前北京最老的万豪集团酒店，没太多想法。

前日入住人济万怡酒店，发现如下问题：1、床单靠卫生间一侧有脚印状污渍；2、靠窗的阅读灯坏了一个灯泡；3、热带雨淋不好用（因为水垢）——此问题@北京JW万豪酒店亦有；4、客房内没有按照客史多准备毛巾和矿泉水。总的来说人济万怡还挺好的，酒店服务人员都非常非常的热情，前台基本能直呼我的姓，亲切！

费尔蒙和平饭店：业主锦江也是酒店管理

图片来源：锦宅客栈提供

图3 极具前卫感的艺术性客房

企业，所以势必在某些问题上和费尔蒙产生分歧及争夺，例如两边的官网在一段时间内都能预定和平饭店。修缮过程保持了原汁原味，并有合理的空间拓展与更改，硬件水平最大化提高了。但是服务上，由于员工构成的原因，可能还是有略略的及不上半岛和华尔道夫。

费尔蒙阳澄湖：其实这家店我是不太愿意点评的。政府运作引进，会议团队为客源主体，我自己也是某年吃蟹时才去的。装修保持了费尔蒙的低调端雅，但是真心没亮点，服务还算不错，大抵员工们都比较真诚，可是员工流动率也很高，所以亦会导致质量水平的不稳定，对高价值回头客的吸引力就会降低。

@北京北辰洲际酒店 入住问题：1、前一住客应为团队客人，所以迷你吧是锁着的，电话是没开外线的，后来打电话开的；2、写字台正上方灯管是坏的；3、浴缸水渍多；4、淋浴间的溢水情况到令人发指的程度了；5、出租车抵店时，门童痴痴望着却不开门。亮点是：1、客房服务和送餐服务依然很快；2、前台还是那么热情。

@天津瑞吉金融街酒店客房使用的音箱系统是B&O的。这算是和@北京瑞吉酒店相比的一个出众之处。目前开放三种房型：superior、deluxe、grand deluxe，房间面积差异不大，主要在于景致的不同。房间装修整体风格是民国优雅，与利顺德大饭店的海河翼装修有相似之处。所有房间都配备双脸盆以及标志睡床。

今天想要表扬**@北京富力万丽酒店**的FD的员工。见到客人在前台等候会非常主动的走向客人并热忱询问：有什么可以帮您的吗？遇到的所有FO都如是。相比一年前冷冷清清的面目，真开心。虽然最后CO耗时长了、曲折了点儿，但不影响心情。但礼宾一男生，皮鞋是踏着的，没穿好，很懒散。得体着装很重要！

喜达屋中国客房所使用的漱口水真心不好用，很辣。相比而言，万豪、希尔顿所提供的漱口水就要温和多了。不过比起这两个集团，凯悦、洲际、雅高这些个没有漱口水的集团就弱爆了。

定义奢华

【豪华酒店是最奢侈的奢侈品.住客篇】

BIRKIN可能让你拥有最受瞩目的风采，cartier可能让你成为宴会上最优雅的绅士淑女，versace的华服可能让人注意到你的独特风尚，但当你住遍了世界上所有顶级酒店可能就会发现——所有的高档珠宝、时装都抵不过与一个精粹了人性关爱与瑰丽历史的豪华客房进行对话。

【豪华酒店是最奢侈的奢侈品.业主篇】

私人飞机总有淘汰的一天，高级房车总有报废的一天，豪华游艇总有更新的一天，唯有好的豪华酒店，愈老愈有味道，愈老愈有价值。看丽兹也好，看瑞吉也好，看华尔道夫也好，这些百年奢华酒店可能没有最新的客房科技，却有最为珍贵的时光沉淀。

我对顶级酒店历来非常严苛，在餐厅，我要观察侍者的皮鞋是否擦亮，袖口是否齐整，头发是否干净，上菜是否遵循规则，递送餐具是否注意洁净；而比侍者更重要的则是餐厅的餐食是否没有任何的瑕疵——包括是否有不明物体附着食物、冷碟、水果、果汁的温度等。很不幸，这一切都完美的酒店还只在国外见过。

定义奢华：丽思和JW两个品牌，客人在咖啡厅吃早餐不会被问及房号。服务生会默默放一份签账单，然后去后台结算。虽然浪费纸张，却很得体。时间和私密是奢华的重要标志，在咖啡厅报房号，犹如团队用餐或食堂排队，且无法保障客人房号等私人信息的安全。等待领位员核查至少耽搁30秒，而这30秒就打败了奢华。

定义奢华：人工服务永远是奢华的基石。在入住纽约华尔道夫发现PEACOCK ALLEY餐厅摆台时只有一套冷碟刀叉，当你准备用主菜时，侍者会默默送来主菜刀叉，汤及甜品亦如此。经理说：人工服务是最珍贵的，侍者递送刀叉时，客人会感到自己被关注；同时这也加强了侍者、客人之间的互动——哪怕一个笑脸。

顶级酒店在北京市场就没个一帆风顺的，费尔蒙的preopening，安缦和首旅的N轮谈判，文华东方的大火，北京饭店和悦榕庄的say good bye，四季的再三延期，豪华精选的退出换牌，半岛装修的拖拖拉拉，莱佛士的财务，柏悦江总来前的惨淡营收，两家丽思的负面风评，华尔道夫对中粮的再三让步……也就瑞吉还风顺。

定义奢华：很少看到MO的促销广告，但某次入住HKMO，楼层管家做了一记漂亮广告。连着三天点东南亚菜做送餐，第四天偶然在床头看到管家娟秀字迹的卡片：先生，酒店Man Wah厨师与Causette的印尼厨师合作推出东南亚风味粤菜，您可光临Man Wah一试。我随即就去文华厅。很多时候，低调成了奢华被遗漏的一点。

定义奢华：去年入住新加坡莱佛士，客房的电视机出了问题，工程部职员进门前恭敬地先表示抱歉，然后套好干净的布制鞋套进入房间修理，整个修理过程中没有回过头，给客人留了充分的私密安全感。同样是在莱佛士，不过是我国的某家，工程部修理网络线路，走的时候却留下了边角料。奢华需要所有职员营造。

定义奢华：前年在纽约瑞吉的King Cole Bar看到的。有客人把一个装饰罐不小心推倒摔碎了，看得出是值钱的艺术品。不到十分钟，就有更为精致的艺术品替代了其原本的位置，职员说新艺术品原是酒店物业持有人办公室的私人收藏，为了保证总体气氛，持有人舍爱拿出来。奢华需要每个构建者乐意共享的处世态度。

定义奢华：我在纽约PLAZA的最近一次入住是去年的年初，当时的纽约已经寒风冷冽。我下飞机时只着单薄外套，在钻进酒店开到廊桥底下的礼宾车后，司机马上脱下他的

图4 北京颐和园，颐和安缦精品酒店（吴必虎 摄）

图片提供：上海半岛酒店

西装给我，或许很多人会觉得这很莽撞、不得体，但当时我确实得到了最好的温暖。瞥见西装上别着的PLAZA HOTEL的PIN，心想：这就是奢华。

在PLAZA，几乎听不到：不、没有。美国人会用他们的热情去迅速完成客人的要求。其实住到顶级酒店客人也不会有太苛刻的要求。但是反观我国，有时候酒店要一根橡皮筋也要磨来磨去。所以我真心不好意思把国内酒店和境外的相比较。

定义奢华： 那是在巴黎的丽兹酒店，当时，我和我朋友一起吃早餐，突然很想吃烧麦，朋友问侍者，侍者想了一下，说先生稍等。但直到吃完我也没见到烧麦，我朋友又问那位侍者，侍者让我们先回房间，稍后送去。

一小时后，侍者推着餐车来房间送烧麦。看到免费的中国烧麦装在了高档瓷碟里，我想，这就是奢华。

我朋友当时问餐厅侍者如何做到的，他说："我问了一个中国朋友，他告诉我哪里有卖。但我不放心店外食材，于是打电话了解到烧麦的原材料，要礼宾带着原材料去找中国餐厅的厨师包好再带回酒店蒸的，只有六个，请

图5 上海半岛酒店游泳池

包涵。"在巴黎丽兹，正式的员工都有一定的金钱额度来完成客人的愿望。

今天吃早餐受刺激后，满脑子都是以前住国外酒店的美好回忆…受不了了…越发感觉中国现在的酒店业就是大跃进，建得快也建得烂，好多hotelier都要被迫当双面人，当客人一个面，背客人一个面…客人和酒店人都好难。

不评不说

@AMANRESORTS：[北京颐和安缦] 备有不同规格的房间供客人选择。各类客舍围成一座座别有洞天的庭院，规整的石径穿过整洁的花园，到处翠竹成荫，树影婆娑。房间的陈设大量使用了中国传统材料，无论是家具还是配饰都力求源于当地风格，并可追溯到皇朝时期。与颐和园一脉相承的庭院风格，为整座酒店带来经典高贵的气氛。

我觉着的TOP10 World Luxury Hotel：纽约Stregis、纽约PLAZA、巴黎Ritz、犹他峡谷地Amangiri、戛纳Hotel Martinez、香港Peninsula、迪拜Almaha、迪拜Armani、北京Oppositehouse，至少是我的最爱。

图片提供：上海半岛酒店

图6 上海半岛酒店

行业悟道

我发现北京的出租车司机越来越不怎么说话了，但是只要你下车时多说一句：谢谢师傅哈。司机一定会精神百倍的回一句：甭客气！特别是晚班司机，给他们一些感谢之言、之举，他们会在这个钢铁森林般的城市里更觉温馨——当然对酒店晚班的职员们也一样。

什么是好的酒店？好的酒店是家外之家，是一个杂糅了客人、职员与业主三方梦想的家外之家，是一个艺术品，是一个能包揽喜怒哀乐的巨大美好容器。好的酒店是让客人在没有家的时候感到温暖，让职员在工作时一直有欢欣鼓舞的前进力量，让业主和管理公司在经济动荡时看到未来的希望。

豪华酒店是理性与感性交融结合的艺术品，优秀的品牌精神与企业气质比严格的标准化流程更为重要。当客人已经安然的把豪华酒店当作生活方式之后，酒店的员工应该给其似亲人的关怀——而似亲人的基准则是我和客人是平等的。

一个国际集团要走向世界，要具备三个条件。第一是有知名的品牌，第二是统一的服务标准，第三是在不同地区有成员饭店和销售网络，三个条件缺一不可。这三个条件，其实就是国际品牌酒店的三大优势，即品牌优势、工业化带来的标准化管理和营销网络。中国酒店集团"走出去"要做的就是在这三方面下工夫。

刚才和一朋友聊到我的"四维酒店评论系统"，四个维度分别是：客户体验（基础）、员工生态（直接影响到客户体验）、盈利水平（决定员工生态的重要因素）、企业文化（业主及管理方的企业素养则指决定前三个最深层的缘由）。所以我住店时还需要和酒店的一线员工及管理层多聊天以了解更深的东西。

今日我听到一个最好笑的事情，我一朋友打车到@金茂北京威斯汀大饭店，临下车时，司机和他都没零钱，只好找门童，要门童拿钱去前台换散。门童来一句："酒店规定，我们礼宾不能碰现金。"我朋友立马火了，说："那以后我就甭给你小费了！"跟钱有关还是跟意识有关？

关于礼宾部：礼宾部越发成为前厅最被忽视的部门了，工资低，活儿多，不受待见。但这同时，帅气的礼宾部兄弟们（……真心很多很帅的）你们能否想想自己与欧美高级酒店礼宾的差距？且不论要求礼宾来安排一场求婚，哪怕是买张电影票也有各种理由来推辞……你们不仅仅是拿行李和开车门的……OK？

最让人不开心的是一些佩戴金钥匙的人，金钥匙不代表你们级别多高，而是认可了你们对酒店所在地文化的了解程度以及宾客服务技能的熟练程度。在很多欧美顶尖酒店的金钥匙，是能够安排一切的，哪怕是深夜造访大英博物馆，小费是事后才给的，不要认为客人应该先给小费后提要求。

甭以为欧美初入酒店的礼宾工资多高，小费多高，他们也被生活给压着，但我曾认识PLAZA的一位礼宾，他刚到酒店时，上班之外的时间全部贡献给了纽约公共图书馆和各种名胜。"我需要最快地认识纽约并深刻地去理解这个城市，我必须这么做，这是礼宾的乐趣，也是我升职加薪的砝码。"他说。

费尔蒙与四季的筑造风格同属新古典主义，追求自然、不复杂修饰的同时带来宏伟的感觉。洲际的老酒店也是如是风格，可能是因为泛美航空的高层中加拿大人多。而瑞吉和华尔道夫才同属源自黄金时代的欧陆古典奢华风格，甚至有暗迎哥特建筑的一些特征。而殖民风格的是莱佛士。

丽思也是欧陆奢华派，但是系出巴黎，所以浪漫主义色彩浓重，不会如瑞吉、华尔道夫一般给客人造成威严感。文华和半岛是卓越的亚式典雅风格，而柏悦在芝加哥开业起就独树一帜的走loft式的简约私密现代风格。华尔道夫和费尔蒙可不属同门。且宁波柏悦酒店可不是沈企独资的，资本结构与北京银泰有差异，有政府资源？

为何瑞吉、华尔道夫身处纽约却是欧陆奢华呢？这都和创始家族有关。本身这两家酒店的创立都有一个共同点，就是为当时的名流政要创造一个高端舒适的交流之处，而当时美国又处于资本高速发展时期，所以酒店的设计者更多倾向于"浓墨重彩"的装点，从而博得受众的欢迎。

最可气的并不是卫生有瑕疵也不是硬件没完工，而是态度。正如我一位朋友所说："@海南神州半岛喜来登度假酒店的服务人员，从管理层到普通员工，笑容都比较多。而反观更高阶的@三亚瑞吉度假酒店，从总监到底下的员工，基本上都是板着个脸，鲜有笑容。出来度假，不是看人白眼，受人冷落的。"

@海南神州半岛喜来登度假酒店 最让我感动的不是你们安排多高阶的管理层在大堂STAND BY，而是你们那么悉心的收集我的喜好。吃早餐时，餐厅员工会默默端来鲜榨苹果汁和一盘西瓜；办入住时，经理拿出不同房卡说：我们知道您喜欢收集房卡，看您缺哪一种，送给您。这三天太多令人感动了，谢谢你们。

专业术语注解：

ADR：日均房价
all suite：全套房
Andy Cheah：人名，马来西亚籍行政总厨
birkin：Hermes（爱马仕）的一种手袋。
boutique hotel：精品酒店
Butler：管家
Causette：文华东方酒店的一个餐厅
cartier：高档珠宝奢侈品牌
CI：CHECK IN办理入住手续
CO：CHECK OUT办理退房手续
executive lounge：行政酒廊
FO：指酒店前厅部，职位有很多，包括前厅接待员、总机接线员、前厅经理等
GMB：北京千禧大酒店简称
grand hotel brand：大型酒店品牌
grand ballroom：大宴会厅
hotelier：酒店人
HSKP：HOUSEKEEPING，楼层客房部
King bed：特大号的床
King Cole Bar：美国纽约的著名酒吧
Nobu：松久信幸(Nobu Matsuhisa)，著名日本大厨，也开了很多家以他名字命名的餐馆
Nonsmoking：禁止吸烟
minibar：客房小冰箱
Owner VIP：业主级 VIP

大地风景国际咨询集团旗下子公司

打造中国旅游形象及创意商品设计第一品牌
基于文化原创的旅游创意商品全产业链服务专家

BES 大地风景国际咨询集团 BES International Consulting Group

CCO模式开创中国旅游形象及创意商品新篇章

读道创意 dodao.cn

北京市朝阳区天辰东路7号
国际会议中心702
www.dodao.cn
010-84378398

DODAO CREATIVE
北京读道创意机构

旅游创意商品 ■ **旅游品牌顾问** ■ **旅游营销策略** ■ **创意图书** ■ **创意农业** ■ **旅游新媒体**

以创意解读中国

北京读道创意机构,是中国最专业的提供旅游品牌营销及旅游创意商品全套解决方案的公司。公司依托北京大学旅游研究与规划中心、国际旅游学会强大的学术资源,以及大地风景国际咨询集团丰富的实践经验,坚持"以创意解读中国"为基本理念,致力于为中国旅游城市、旅游景区、大型节事活动提供旅游商品及文化衍生品一站式服务,为客户提供旅游商品开发全套解决方案。

迄今,读道已经为北京、杭州、西安、拉萨、成都、济南、福州、郑州等城市做过城市品牌策划,并成功操作了2013锦州世界园林博览会整体品牌形象设计以及特许商品全品类解决方案、北京丰台南苑创意农业公园品牌营销策略案、辽宁抚顺雷锋主题旅游商品开发、北京798艺术区商品开发等案例。